私はドミニク

「国境なき医師団」そして「国境なき子どもたち」とともに
―人道援助の現場でたどってきた道のり―

国境なき医師団日本元事務局長・国境なき子どもたち元事務局長
ドミニク・レギュイエ 著

金 珠理 訳

合同出版

リチャード、
マーヴィン、
そして季美枝へ

はじめにに代えて

国境なき子どもたち（ＫｎＫ）会長　寺田朗子

「私はドミニク」の「ドミニク」って誰のこと？

そう、１９９２年11月15日、ボージョレヌーボーと一緒に日本に来たフランス人「ドミニク・レギュイエ」のこと。40歳で日本に来て25年、国境なき医師団（ＭＳＦ）日本事務所の設立の手伝いが彼との最初の出会いだった。以来、何か他の人とは違う不思議な魅力のあるドミニクとの付き合いが続いている。

ドミニクの魅力（？）だが、まず彼はこれだけ日本人に囲まれて日本で仕事をしているのに日本語を話さない。何度かレッスンを始めたことはあるのだが実らなかった。仕事はフランス語と英語でする。でも、日本語で悪口を言うとわかるというのは不思議だ。

次に、パリ生まれのかなりのボンボンな彼は９人姉弟の末っ子で、６人のお姉さんと２人のお兄さんに囲まれていたという。これを聞いた時、ドミニクのことを理解できた気がした。どうしても面倒を見たくなる、何か放っておけない、「この人のために何かしたい」と思わせるのか——。

最高の魅力が、彼の発想力のユニークさ。泉のごとく湧いて出る尽きることのない思いつきである。これは天賦の才だと思う。本当に感心する。

私の人生は「出会い」の宝が山積みだが、その中で最高の宝がドミニクとの出会いと確信している。男性、女性は関係ない、一人の人としての彼の存在に対し、友人として、同志として「惚れている」と胸を張って言える。

「パパ・ドミニク」を待っている子どもたちがあちらこちらにたくさんいる。あの子たちに笑顔をずっと届け続けてほしいと心から願う。

本書では、ドミニクの思いが気取らない形で語られている。本書を読み、私は彼の新しい魅力に出会えた。ぜひ、ドミニクという人間の歩んだ軌跡をたどる旅に出てほしい。

目次

※下段に掲載した脚注は、編集で作成いたしました。

1．「非営利団体？」

「ご職業は何ですか？」と聞かれるたびに、何と答えたものかいつも迷う。

非営利団体の責任者、というのは職業なのだろうか。

教師とか農家、医者などだったら返事につまることはない。

これらの職業には疑念を差し挟む余地がないからだ。

だが、非営利団体の事務局長というのは、何かの役に立つものなのだろうか。

私は「事務局長」だ。少なくとも名刺にはそう印刷されている。しかし、その肩書きから想像されるような恩恵は何も受けていない。私の事務局では12人程度の人が働いているだけで（しかもその大半には「ディレクター」の肩書きがついている）、社用車もなければもちろん運転手もおらず、給料は30年ほど前に稼いでいた額と大して変わらない。

十数年前までは、私の肩書きはもう少し重みのあるものだった。私は「国境なき医師団（MSF）日本」※の事務局長だった。MSF日本は国内最大級の非営利団体になりつつあったのだから、その指揮を執るというのは重要な役割だったといえるだろう。

MSF日本を10年にわたり率いたあと、私はその職を辞した。日本で最小級の団体の活動に全力を注ぐためだった。非営利の団体で働く、それは私にできる唯一の仕事であり、私の情熱をかきたてる唯一の仕事だ。ほかの職業は務まらないし、これ以外の仕事に就きたいと考えたことはない。

※国境なき医師団（MSF）
1971年にフランスで設立された非営利な国際的な民間の医療・人道援助団体。紛争地や、感染症がまん延する地域、自然災害の被災地で、緊急医療援助活動を行なう。独立・中立・公平の原則に基づく人道援助活動が評価され、1999年にはノーベル平和賞を受賞。世界約70の国と地域で、日本人医師や看護師をはじめとする3万9000人のスタッフが、援助活動を行っている（2016年度）。

そんなわけで、日本で最小級だった非営利団体「国境なき子どもたち（ＫｎＫ）」※を率いてかれこれ15年ほどになる。この団体は小さくはあるが、今なお成長を続けている。

なぜ、そしてどのようにして私が非営利団体の事務局長という仕事を続けてきたのか、私のたどってきた道のりについて振り返ってみたい。

この本は私の冒険譚を披露するものではなく、ましてや「事務局長職はいかにして務めるべきか」を論ずるものでもない。私を支え続けてきた仕事への情熱をうまく伝えられるかどうかも定かではない。私自身、今なお、自分のやっていることや目指すものを再確認する毎日だ。

「いかに務めるべきか」その問いはシンプルすぎる。なぜならば、私の仕事は本能や感覚といったものにも大きく影響されるからだ。ふと頭をよぎる考えや微かな予感に似たものに導かれることも少なくない。場合によっては疑念を持つことは許されないが、それはあとになってから気づくことが多い。

自分が意味のある仕事をしてきたかという審判を下すのではなく、いつの瞬間のどの選択、どの決定が大きな鍵であったのかを振り返ってみたい。

これまでの職業人生を振り返るにあたり、一人の少年のためにこの本を書きたいと思う。

彼は14歳だった。ブロークンな英語を話し、ちょっとした詩を書き、私の腕にぶら下がるのが好きな少年だった。彼、リチャードはマニラのストリートチルドレン、つまり路上で生活する子どもだった。

リチャードは、マニラの街角で車に轢かれ14年の生涯を閉じた。事故のときも恐らくシ

※認定ＮＰＯ法人国境なき子どもたち（ＫｎＫ）
「世界の恵まれない青少年を支援すること」、そして「日本の一般市民、とりわけ若い世代の人々に対し教育啓発すること」を使命とし、１９９７年に日本で設立。日本と世界の子どもたちが「共に成長する」ことを理念に、２０１７年現在は、日本（東北地方）を含む世界7カ国（地域）で活動している。

ンナーなどで泥酔していたのだろうと思われる。

もっと別の世界で、別の街で、別の人びとに囲まれていたなら。リチャードは生き続けることができるはずだった。

誰かが愛情をもって彼に接していたなら。リチャードは死なずに済むはずだった。

彼の命の重みを思いながら、この本を書き進めたい。

彼に「どんな仕事をしているの？」と聞かれたなら語って聞かせたであろう、その答えを。

2. 他者との出会い

時に、もっとも困難なのは質問に対する答えを見つけることではない。私にとってはどのような質問を投げかけるか、そのほうが難しかったりする。そして、何よりもまず、質問をしようと心に決めるのも簡単なことではない。

私はつねにどこが出発点なのか、それを探すことにしている。毛糸玉から糸を残さず手に入れるにはどの糸口を引っ張ればよいのか、それが重要だ。

遠く離れた異国へ旅立つボランティアの人びとのことを想像してみてほしい。彼らにとって、もっとも大きな転換点はどのようなものであったか、もっとも決定的な瞬間とはどのような場面であったか、そしてもっとも重大な、人生をひっくり返すような出来事はどのようなものであっただろうか。

それは派遣先に到着したときだ、と考える人もいるだろう。カンボジアやパキスタンの奥地に立ち、これまでとまったく異なる生活を送るということを実感するのは大きな衝撃だ。あるいは、派遣の契約書類にサインする瞬間こそが最大の転換点だ、と考える人もいるだろう。たしかに、想像以上に重い責任や驚くほど少ない手当と引き換えに、半年あるいは1年といった期間、厳しい生活環境に飛び込むことを承諾するのはたやすいことではない。

私には、そうしたボランティアの人生をひっくり返したのは、電話を手に取り、派遣元となる団体の番号を押し、「あのう、海外派遣ボランティアに応募したいのですが……」と問い合わせた瞬間ではないかと思える。そのポイントさえ過ぎてしまえば、あとは流れに乗ってしまうだけである。派遣先はどこ、活動内容は何、誰とともに、誰のために、などの問いには自然と答えが見つかっていく。もっとも重要なのは、出発点となる大元の質問だけだ。「自分はボランティア活動に参加したいのか？」

　そしてそこには二つ目の質問が折り重なる。「自分が問い合わせようとしているこの非営利団体では、自分の目指すことができるだろうか？」

　つまり、非営利団体というのは、自分の目指すものに至るための手段にすぎない。言い換えれば、我々は非営利団体という「手段」のために働くのではない。私たちは、人のために、ほかの誰かのために、人類のために働くのだ。このことは、しばしば団体が大きくなると忘れられがちである。

　非営利の人道援助団体というのは、その究極の目的は「消えてなくなること」だということを忘れてはならない。なぜなら、人道援助団体の役割が何らかの状況を改善することにあるならば、その働きが功を奏して、いつの日かそうした援助を必要とする状況がなくなることが期待されるからだ。

　しかし、現実はそこまでシンプルではない。自然災害や人道的危機は絶えることがないし、一つのニーズがまた新たな援助のニーズを生み出すことも少なくない。こうして、いつしか非営利の団体は自らの組織の維持、存続こそがその存在目的の一つとなることも珍しくない。このこともまた、大規模な非営利団体では忘れられがちである。

また、長年の経験をもって有用かつ効果的な活動ができるまでになったこの「手段」をわざわざ壊してしまうのはもったいない、といった発想も生まれる。

こうした非営利団体をサポートする支持者や創設メンバー、活動に協力する機関なども、団体が息の長い活動をし、活発であり続けることを望むのが一般的だ。

そんな中で、国境なき子どもたち（ＫｎＫ）の職員の待遇は、冷静な判断力を持ち続けるのに役立つ。給与額は少なく、昇給もわずかなら、福利厚生と呼べるものもほとんどない。

非営利団体で働くというのは、人生における一つの選択だ。私は宗教家ではないし、むしろそこからもっとも遠いところにある人間だが、私にとって人生の豊かさとは金銭ではなく心の問題だと考えている。そして私は豊かな国で、豊かな人生を送っている。東京やパリで暮らすということ自体、すでに恵まれた環境とも言える。

海外派遣や旅行といった体験は、どれも自分を成長させるきっかけであり、自分が最終的に求めるものは見知らぬ異国の風景ではなく、他者との出会いなのだと気づかせてくれる。人との出会い、これに勝る冒険はない。他者と向き合うことで、自分自身をも再発見できることもある。

パリで国境なき医師団（ＭＳＦ）のリクルート説明会があるから行ってみたら、と友人の女医が教えてくれたのは、私が30歳のときだった。説明会には行ってみたものの、医師でも看護師でもない自分が役に立つとも思えず、パッとしない気分で会場をあとにしたのを覚えている。それでも自分の名前と連絡先、そしてどの時期なら参加可能か、おおよその見通しを書いて提出してきた。

当時の私は1年の大半を旅をして過ごしていた。パリに戻るたびに働いて、次の旅行の資金を貯める。その繰り返しだった。

現代の若者とは違って、将来への不安とか失業といった問題に頭を悩ませることのない世代だったのだ。

3．国境なき医師団（ＭＳＦ）に参加

こうして私が国境なき医師団（ＭＳＦ）と出会ったのは１９８０年代のことだ。私が最初の海外派遣に応じて出発したとき、私は自分自身の選択に驚いたが、周りの友人たちは当然のことのように納得していた。友人たちに言わせれば、私は「いかにもＭＳＦに参加しそうなタイプ」だったそうだ。言われてみればそうかもしれない。当時の私の生き方がＭＳＦに向いていないとしたら、いったい誰が向いているというのだ。

たしかに、そうした見方をすれば、私がＭＳＦに参加したのは運命だったのだろう。あの派遣に応じないというチョイスは私の人生にはありえなかった。

今になって振り返ると、すべての人生のチョイスが、私を今現在の位置まで押し進めてきたということが実感としてよくわかる。しかし、当時から感じていたように、ＭＳＦは私の人生の最終目標ではなかった。なぜならＭＳＦもまた、「手段」の一つでしかないからだ。非常によくできた素晴らしい「手段」ではあるが、手段は手段でしかない。私はおよそ20年にわたってＭＳＦを「手段」としてさまざまな活動を進めてきたが、決してその盲目的な信者ではなかった。

多くの非営利団体で、そのボランティアたちがあたかも新興宗教の狂信者のように、その団体こそがこの世で唯一最高のものと信じるようになっていくのを何度も見てきた。自分の所属先に誇りを持つことは大切だが、こうした非営利団体、とくに人道援助団体とい

うものが何を目的としているかという出発点を忘れてはならない。その目的とは、いわゆる恵まれない人びと、物資や情報、あらゆる機会へのアクセスが限られてしまっている人びとに手を差し伸べ、教育や保護を提供し、彼らが人生を歩んでいく手助けをすることにある。

私にとって、人道援助団体の活動は、「寄り添うこと」と定義づけることができる。困難な状態にある人びと、戦乱や大規模自然災害、感染症の爆発的流行などで生死の境をさまよう人びとに、その人生の一時期、寄り添うことだ。こうした危機に瀕した人びとに救援の手を差し伸べ、限られた期間の中でその命を救い、生き延びられるよう手助けし、その危機を脱してそれぞれの人生を歩んでいかれるようサポートすること、それが人道援助団体の役割である。

国境なき子どもたち（ＫｎＫ）の活動対象となる青少年たちもまた、危機に瀕している。路上生活、人身売買、刑務所暮らしといった状況の中で、家族の支えも得られず、生きる希望すら失っている子どもらが少なくない。そうした子どもらにＫｎＫは寄り添い、困難を乗り越えるべくサポートし、彼らが人としての尊厳ある人生を歩めるよう手助けをしている。そしてＫｎＫもまた、これらの役割を果たしたあかつきには、若者たちが自らの力で歩んでいかれるよう、一時期を密接に過ごした人と人としての絆は大切にしつつも、彼らの人生から退かなければならない。

話は84年8月に戻る。当時、私は日本への3回目の旅の準備をしていた。それまで、すでに75年と78年に大阪、和歌山、京都へ行ったことがあった。

だが、ＭＳＦからエチオピア派遣の話が来た。すでに現地での活動を展開している医師や看護師らのチームで、事務方を一手に受け持つアドミニストレーター※のポストだった。

そのころの私には、エチオピアといえば作家アンリ・ド・モンフレイを連想させ、アルチュール・ランボーが短い人生の中で訪れた国、という程度の知識しかなかったが、私はその派遣に応ずることにし、父にはエチオピアは危険な場所ではないと説得しようと試みた。しかし、テレビや新聞では盛んに、エチオピアでは北部で紛争が絶えないこと、隣国ソマリアとも不安定な情勢にあることなどが伝えられていた。１９７０年代の皇帝暗殺のあとは独裁者メンギスツが恐怖政治によって政権を掌握していた。

パリに暮らす私にはたいした情報は入ってこなかったが、それでもその年の夏、ＢＢＣはエチオピアで飢饉の恐れありと報じていた。20世紀終盤の最大規模の干ばつがエチオピアからサハラ砂漠にかけて進行していたのだ。だが私には、派遣先で何が待ち受けているのか、まったく想像がつかなかった。当時の私は、親戚の葬儀以外では死者というものを見たことすらなかったのだ。

※アドミニストレーター
国境なき医師団（ＭＳＦ）の医療人道援助活動を円滑に実施するため、現地スタッフと協力し現地関係省庁との交渉や公的文書の作成、財務や人事などを担当する役職。

4．1984年、エチオピア

エチオピアの壮大な風景に私は心を奪われた。もしかしたらこの国を愛するあまり、私の記憶の中で実際よりもさらに美化されている部分はあるかもしれない。

といっても私は、北部へ向かう路しか知らない。デセ、ラリベラそして紛争の種となっていたエリトリアへと続く路、あるいはランボーが滞在したハラールや、アデン湾へ向かう路が私の知っているエチオピアだ。それ以外の地へ移動することは禁じられていた。メンギスツ独裁政権下においては、刑務所行きは避けたほうが懸命と思われた。夜間は外出禁止令が敷かれ、道路も20キロごとに検問所が設けられていた。

グレート・リフト・バレーの山々はアメリカのグランドキャニオンを思わせた。長期にわたる干ばつがそこかしこを焼け野原のように見せていた。私は女性医師ナタリーとロジスティシャン※、すなわち〝何でも屋〟ともいうべき男クリスチャンとともに、首都アディスアベバに到着し、その数日後、コボそしてコレムへ向けて出発した。四輪駆動車で丸一日半の移動だった。

我々は三人ともそれが国境なき医師団（ＭＳＦ）での初の海外派遣だった。当時のＭＳＦはまださほど有名ではなく、その方針や活動内容に関する資料はとぼしかったが、テレビや新聞でさかんに取り上げられた76年のレバノンでの活動、79年のカンボジアのためのデモ行進などは耳にしていた。「ボートピープル」の存在もＭＳＦの名を知らしめ、また、

※ロジスティシャン
国境なき医師団（ＭＳＦ）の医療援助活動とスタッフの現地生活に関し、物資調達や物流管理から、海外派遣スタッフの住居設備管理まで幅広い業務を担当する役職。

ＭＳＦ内で意見を異にした人びとによりメドゥサン・デュ・モンド（世界の医療団、ＭＤＭ）を生み出すなどしていた。

当時のＭＳＦのスローガンには、「我々の待合室では20億人が待っている」とあり、報道では「彼らは英雄でも、現代における騎士でもない」とは言いつつも、人びとからは英雄や現代における騎士そのものとみなされていた。

デセでの休憩の際に、活動現場で不足しているという野菜や果物を買い込み、車内を食料で山積みにすると、再び目的地を目指して我々は出発した。

すると、状況は一転した。数え切れないほどの物乞いの人びとが群れをなして我々の車をめがけて押し寄せる。飢えの苦しみと死の恐怖に襲われた人びとが涙ながらに手を伸ばしてくる。我々は平手打ちをくらったかのような衝撃を受けた。

ハンドルを握っていた私は、徐行しながら人びとの間を縫うように進むしかなかった。車を停めることはできなかった。さながら悪夢を見ているようだった。目の前の光景を現実のものとはとても思えなかったのだ。自分の心臓がバクバクと鳴るのを感じ、同乗の二人の鼓動すら聞こえるようだった。現地のチームが拠点としている高原まで、まだ5時間もあった。そこでは何が待ち受けているというのだろうか。

ＭＳＦが活動する小さな難民キャンプのあったコボで小休憩をしたあと、我々は目的地までの最後の行程を進んだ。高度２０００メートルまで上る山道を1時間半ほどの道のりだった。

コレムは、山の高台にある人口数千人ほどの小さな村だった。

その村からは、周辺の無数の村へと続く無数の小道が広がっていた。飢饉に見舞われた数万もの人びとが食べるものを求めてコレムへと押し寄せてきていた。その大半はコレムにたどり着く前に力尽きて命を落としたと、あとになって知らされた。その村へたどり着けたのは体力のある者だけだった。

コレムの村から2キロほどの場所に、コレム難民キャンプがあった。そこへ足を踏み入れた瞬間は、正直なところ足の震える思いだった。

見渡す限り、数百、数千ものテントと、わらやビニールシートを被せただけの掘っ建て小屋で埋め尽くされていた。キャンプの端にはトタン小屋の病院があった。これだけ密集した場所にもかかわらず、まったく物音が聞こえない。子どもの笑い声はおろか泣き声すら聞こえない。生活音も、話し声も、何一つ聞こえて来なかった。そこにあったのは静寂だった。重くのしかかる、まるで死のような静寂だった。まさしく、そこで進行していたのは死そのものだった。5万人もの難民が、静かに死を待っていたのだ。

私の視界に入った数人は誰も彼もやせこけ、写真で見た第2次世界大戦の強制収容所に入れられていた人びとを想起させた。そこかしこに子どもがいたが、その視線はうつろで、何も見えていないかのようだった。彼らの瞳からは何の感情も読み取ることができなかった。何もかもが手遅れのように思われ、抱き上げることすらできなかった。現地チームの責任者、ブリジットが我々を出迎えてくれたが、我々はショックのあまり言葉も出なかった。

私は、このときの衝撃以来、固く心に決めたことがある。子どもや女性を、人類が生き延びるために援助を懇願するような極限の状態に置いてはならない。こうした人びとのために、奇跡を待つのではなく私自身のできることに力を尽くす。死を待つだけという人びとを私は見捨てない。救える命がある限り私は闘い続ける。

ＭＳＦやそれに類する多くの人道援助団体の人びとはおそらく、間違いなく英雄であり、現代における騎士だと言えるであろう。彼らとその活動を支える人びとによって、地球全体は救えなくても、そのうちの何人かは命を助けられた。そして、たった一人の命でも、それを救うということは何よりも尊いことなのだから。

それから数カ月後、ＢＢＣのとあるドキュメンタリーが世界中を感動の渦に巻き込み、数百人ものジャーナリストがエチオピアへと渡り、「20世紀最悪の飢饉」を報道した。１９８４年は英国のミュージシャンらが結成した「バンド・エイド」による「Do They Know It's Christmas?（ドゥ・ゼイ・ノウ・イッツ・クリスマス）」の大合唱とともに暮れ、その数カ月後には米国でマイケル・ジャクソンなどの著名なミュージシャンが歌う「We are the world（ウィ・アー・ザ・ワールド）」もチャリティのため発売された。

数百万ドルもの資金がアフリカへの支援に流れ込むようになった。我々には理解ができなかった。メンギスツ独裁政権が、この棚ぼたともいうべき資金を横領する危険性は小さくなかったからだ。

翌年には、コレム難民キャンプの人びとがエチオピア南部へと移動させられてより過酷な状況に置かれること、我々ＭＳＦやその他の援助団体、国際機関、資金を出す各国政府はみな、蚊帳の外に置かれてしまうこと、その結果として、我々が救ってきた人びとの命があっさりと奪われていくということを、そのときはまだ誰も知る由もなかった。

私がこのときエチオピアで学んだのは、意思と資金があれば人びとの命を救うことができるという一つの事実だった。

1984年9月、コレムでは連日、100人前後の人びとが命を落としていた。老人、子ども、女性がその大半を占めていた。

ちなみに翌年1月には、世界中から寄せられた膨大な援助資金により、コレムでの死亡者は1日あたり7人程度にまで減っていた。同時に、難民キャンプ内の人口は10万人規模にまで膨れ上がっていた。

毎日90人以上の命を救う、そんなチームに参加している自分が誇らしかった。

コレムで最初の3日間を過ごしたあと、私はアディスアベバに戻った。ジブチへの出張を除けば私は一年中、ここで活動する予定だった。もう一つの活動地、コボへの視察は、コレム訪問とは異なり穏やかなものになるはずだった。コレムは夜になると震えるほどの寒さになったが、コボは山のふもとに位置し気候は緩やかだった。コボ難民キャンプには「たった」数千の難民が、小さな町の周囲に散らばるようにいるだけだった。MSFの病院はコレムの冷凍庫のような建物に比べれば豪華にすら見えた。

私の視察は滞りなく済むはずだった。緊迫した空気もなく、問題が発生するような火種は何もなかった。

女医の案内で診療所を視察していると、赤ん坊を抱いた若い女性がやってきた。少女とも言うべき年齢の母親だった。彼女の腕の中にいた、私のこぶしほどの大きさの赤ん坊は息をしていなかった。私は息を引き取ったばかりと思われる赤ん坊を見て同情を覚えたが、同時に、この母親は何を求めてここへやってきたのだろうと思った。

だが、女医と看護師は母親の腕から赤子をすごい勢いで取り上げ、近くのベッドに寝かせて心臓マッサージを始めた。女医は両手で赤子の体全体を包み込み、親指で心臓の部分を規則的にマッサージし続けた。

私にはやはり理解ができなかった。治療を待っている子どもが数百人もいるのに、なぜ

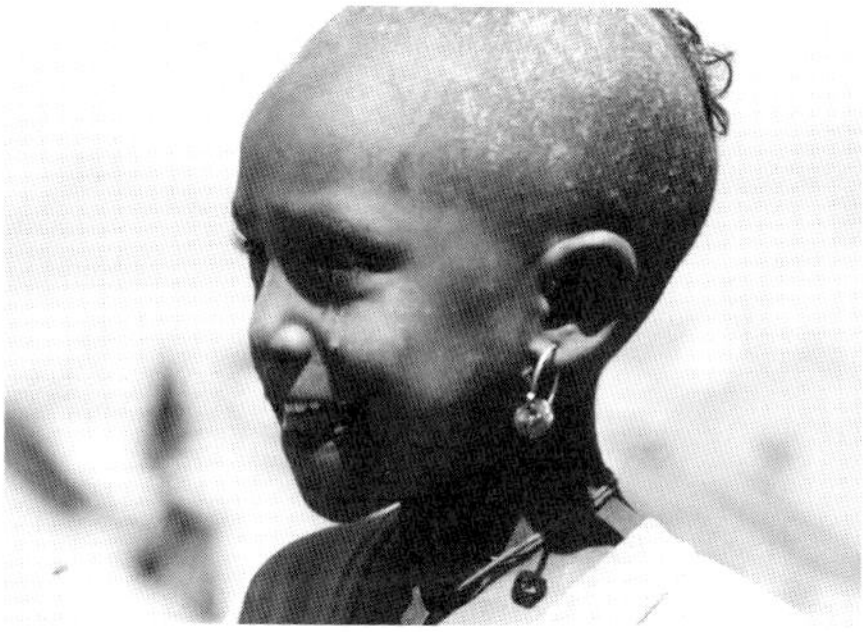

エチオピア
1984年、エチオピアの少女、コレムの高原にて。エチオピアを襲った飢饉に際し、国境なき医師団（MSF）とセーブ・ザ・チルドレンは1万人以上の子どもたちをケアした。
写真：ドミニク・レギュイエ

エチオピア
飢餓に苦しむ4万から6万もの人々を収容するコレム難民キャンプ。人々は援助団体や国際機関に支給されたテントやあり合わせの木材、トタン屋根のもとに身を寄せ、地面に穴を掘って夜の寒さをしのいだ。
写真：ドミニク・レギュイエ

もう息をしていない子に時間を割いているのか。

それは私が人生でもっとも重要なことを学んだ瞬間だった。コレムへの道中での衝撃やコレム難民キャンプでのショックをさらに超える、私の人生を揺るがす出来事だった。年若い母親の赤ん坊は息を吹き返したのだ。その子は生きていた。その子は再び生き返ったのだ。そのときの感動は今でも忘れることができない。

その後の人生で私はフィリピンの少年リチャードの死、親友や両親との永遠の別れ、力を注いできた事業からの撤退などの大きな悲しみや、あるいは数々の幸福な瞬間、失望などさまざまな感情の揺れを経験したが、このときのコボでの医師の行動が私に教えてくれたことは、それらをはるかに上回るものだった。

私はこのとき、人生の意味というものを見出したのだ。それは啓示ともいうべきものだった。飢餓に苦しむ人びとの難民キャンプという極限の状態で私が立ち会ったこのシンプルきわまりない出来事は、人類がなしえるもっとも尊い行為であると私には思えた。奇跡という言葉はあまりにも陳腐だが、私はまさしく、「奇跡」を目の当たりにしたのだった。

当時30歳ほどだった私は、ようやく人生において目が覚めたような思いがした。コボをあとにした帰りの車中で私は誓った。この医師、そしてコボとコレムで活動する同僚たちのために全力を尽くす、と。

そして私は誓い通り全力を奮って活動した。自分のやるべきこと、自分のできることはすべてやった。このチームの一員であったことを今なお誇りに思っている。

5. 日本へ

私が日本へやってきたのは1992年11月のことだった。11月15日の夜、私は到着した。あとになって、「国境なき医師団（MSF）日本はいつ開始されたのですか」と聞かれる度に「11月16日の朝です」と私は答えた。なお、私がMSF日本を離れることを決めるのは2002年11月、それから丸10年後のことだ。

1992年中に、すでに二度、日本へ出張に来ていた。日本にMSFを開設する可能性を調べるという任務をMSFフランスから受けてのことだった。それぞれ1週間ほどの出張は、こうした調査を行なうには短すぎる滞在だった。そして私の調査結果は、「より調査を深めるために6カ月程度の滞在が必要」というものだった。

当時のMSFは現在ほど潤沢な資金があったわけではなく、東京事務局の開設というのは大きな財政的負担を抱えることを意味していた。だが、私自身が開設に行くわけではないのだからと思い、資金面については半ば他人事のように考えていた。しかし、二度目の出張の報告書を書きながら、私の頭の中に、一つの確信のようなものが芽生えていた。自分自身が東京事務局の開設にチャレンジしてみたい、という思いが生まれたのだ。

こうして私は11月14日にパリを出発した。そのときには、新しい人生が始まる、この日本行きは単なる偶然ではなく、私の運命だという確信があった。

到着した晩は雨で、100キロもの荷物をタクシーに詰め込むのに難儀した。荷物の大半は資料やコンピュータで、全日空の厚意で搭載を許されたのだった。宿泊先の小さな部屋はあっという間に荷物で埋まった。

翌月曜の朝、私のホテルのロビーに、友人の友人である日本人女性が来てくれた。彼女は私のサポートを申し出てくれたのだ。私は東京の地図を広げると、高田馬場、早稲田といった地域を指差した。なぜなら、そこには私が聞いたことのある名前の大学があったからだ。そして、その辺りに住居を探してほしいという希望を伝えた。彼女はどうやら、大企業の社長などＶＩＰな人びととのアポイントメントを取る、といったサポートを想像していたらしく、ややがっかりしたように見えた。

だが、私はすでにこの最初の週に、そうした重要なアポイントメントをびっしり入れてあったのだ。そしてその後数年にわたり、そのリズムは変わることなく、週に10件といったペースでアポイントメントをこなしていった。

だが、住居、活動の足がかりとなる拠点を定めることは、私にとってＶＩＰとの面会よりもっと重要なことだった。半年もの間、ホテルで暮らすという選択はありえなかった。

その日本人女性は、早稲田地域の神楽坂寄りに小さなワンルームのアパートを見つけてくれた。あとになって、神楽坂の辺りは、東京日仏学院や当時のフランス人学校が近いこともあり、多くのフランス人が好んで住む地域だと知ったが、私のアパートの近所では「ガイジン」は見たことがなかった。

アパートに入居して2日後の土曜日にはソファーが配達され、同時にパリからフランソワ・ジャンがやってきた。ＭＳＦでの共著『危機に瀕する人びと』を日本に紹介するためだった。

　私は大急ぎで日比谷公園近くの日本外国特派員協会での初めての記者会見をセッティングした。到着した最初の週に最初の記者会見、これは良い宣伝になった。これを機に、NHKが私に取材を申し込んできたのだ。

　12月に丸1週間、テレビカメラが密着する形で取材は行なわれた。カメラはアラブ首長国連邦への短期出張から戻った私を成田空港でとらえた。私は同国でのMSF事務局開設を担当していたが、東京事務局の開設担当となったことで、その業務を後任者へ引継ぎに行ったのだった。そこから1週間にわたり、経団連や、株式会社東芝（NHKの放送では固有の企業名を避けて「とある日本の大企業」と呼ばれていた）とのアポイントメントや、地下鉄で移動する姿などが撮影された。

　記者は「ダイナミックな活動ぶり」を示すために、朝のジョギング風景なんかもいいですねと提案してきたが、これについては丁重に断り、そのシーンは私の自宅でエチオピアの写真を見せながらコメントするという場面に差し替えられた。

　この取材の結果は翌年1月に夜9時のプライムタイムのニュースで放送された。私に関するルポは当時フランスの大統領だったフランソワ・ミッテランについてのニュースの直後だった。この9分間の放送が、MSFを日本の非営利団体の中で大きく知らしめる役割を担ったのだった（といっても、当時は非営利団体の存在自体があまり知られていなかったが）。以来およそ1年半の間、私は毎週のように何件もの取材を受け続けた。基本的にはすべての依頼を受け入れ、あらゆる機会をすべて活用した。

ＭＳＦのスタッフが来日するたびに、テレビか新聞で取り上げられるよう働きかけた。テレビ朝日での久米宏氏の報道番組や、ＴＢＳでの筑紫哲也氏の報道番組に招かれたほか、毎日新聞東京社会事業団からは顕彰を受けた（これはその後数年にわたって続いた）。日本から最初の海外派遣ボランティアがルワンダへ旅立ち、この出来事をはじめ記者会見もひっきりなしに開かれた。

ＭＳＦフランスの会長が来日した際には週刊誌「ＡＥＲＡ」の表紙を飾り、事務局のスタッフとともに私は雑誌「週刊プレイボーイ」にも写真入り６ページもの記事で紹介されたのだった（それも水着姿の女性のグラビアページのすぐあとにだ）。

非営利団体を新たにスタートするうえで、広報の果たす役割は非常に大きい。マスメディアはその団体の存在を世に知らしめてくれ、一般の人へ届けたいメッセージを伝えてくれる。これにより、一般の人びとがその団体をサポートするかどうかを決められるのだ。

私の日本到着から１週間後、一人の女性が高田馬場の事務局を訪れた（当時、ファモティクという企業が自らのオフィスの受付部分を９平米ほど、ＭＳＦの事務所として１年間無償で貸してくれていた。最初のスタートとしてこのうえない幸運だった）。

寺田朗子というその女性はフランス語ができ、第一号の事務局ボランティアとして参加してくれることになった。彼女の仕事は、最初のニュースレターをフランス語から日本語に翻訳することだった。我々はファモティク社から印刷代のサポートを受け、そのニュースレターを方々へ配って歩いた。以来、ニュースレターは号を重ね続けた。のちに私が国境なき子どもたち（ＫｎＫ）を創設した際にも、ＫｎＫニュースレターを発行した。活動内容を伝える広報ツールは非営利団体の活動を進める上で必須なものと私は考えている。

このニュースレターに応える形で、最初の寄付者が現れた。大阪在住の12歳の少女だった。彼女がどのようにしてMSFのニュースレターを入手したのかはわかっていない。いずれにせよ、最初の寄付者が少女であったことに、その後の成功の予兆のようなものを私は感じた。彼女は翌号のニュースレターに顔写真入りで紹介された（あの子は今ごろ何歳になっているだろうか）。

1993年、私はMSFの日本でのスタートにあたり、アドバイスをする機関として名誉委員会と賢人会を設けた。それらの機関への参加者はみな、MSFの良き友となってくれた。具体的に彼らがMSFのために起こしたアクションは限られていたが、その存在は私にとって必要不可欠だった。

LVMHモエ・ヘネシー・ルイ・ヴィトンのエマニュエル・プラット社長や駐日ベルギー大使パトリック・ノートン氏、フランソワーズ・モレシャン氏（そう、彼女もまたMSF日本の初期を支えてくれた一人である）、テレビ朝日「ニュースステーション」のコメンテーター和田俊氏、駐ベルギー日本大使、国連大使のあと宮内庁式部官長を歴任された安倍勲氏、『とある日本の大企業』の宮尾舜助氏など15名ほどのメンバーが私を支え、アドバイスをくれ、中には友情すら取り結んでくれた人もいた（肩書き、所属先はいずれも当時のもの）。

そして第一号の事務局ボランティアだった寺田朗子は、MSFが1997年に日本での法人格を取得した翌年には会長を務めていた。

なお、この1993年に私は、支援企業の集まりとして「100社クラブ」というグループも結成した。当時はMSFを日本国内で財団法人とする考えでおり、この「100社クラブ」は、企業100社による100万円ずつの支援でその基本金を整えることを目的としていた。

この財団法人を目指す動きは、1998年12月の特定非営利活動促進法（NPO法）の施行により大きく方向転換をすることとなった。

財団法人化の計画はNPO法の施行によりストップしたものの、その当時すでに50を超える企業が「100社クラブ」に参加していた。旭硝子を中心として三菱グループから8社、そして東京銀行、東芝、ソニーといった名だたる企業が名を連ねていた（当時の各社の社長がそのことを承知していたかは定かではないが）。5200万円に上っていた財団法人化のための基本金は、数年後にMSF日本の活動資金に投入された。

今になって思うと、当時はMSFを日本で根づかせるためなら何でもやった、というのが私の実感である。しかし、その熱意は今現在私がKnKに傾けている情熱と同様に、誠実で真摯なものだった。情熱なしに成し遂げられるものなどないし、誠意なしに人の心は動かせない。

6カ月が飛ぶように過ぎるころ、MSFの日本事務局はどうにか軌道に乗り始めていた。以後、1997年に法人格を取得するまで、MSF日本はMSFフランスの支局として機能する。その指揮を執り続けたいと考えるのはごく自然な流れだった。だがそのときはまだ、自分が数年後には日本に定住することになるとは考えていなかった。

6. ラスト・フロンティア

私が初めてカンボジアを訪れたのは1993年初頭、日本で活動を始めてまもなくのころだった。当時のカンボジアは国連の主導のもと国の再建の真っ只中だった。「クメール・ルージュ」政権は、ベトナム軍の侵攻により1979年には終結するが、その爪あとは深かった。10年を経たあともなお、数千人規模の難民がタイに設置された難民キャンプで生活していた。私が訪れたころは、そうした人びとの帰還とあわせて選挙の準備が進められるなど、国を挙げての再建が進行していた。

1993年2月のプノンペンは、国連および援助団体のロゴマークをつけた無数のトヨタの白い四輪駆動車で溢れ返っていた。

首都とはいえ道路はほとんど舗装されていなかった。赤土の道路は埃をあげ、そこかしこに開いた穴には水が溜まっていた。車はものすごいスピードで行き交い、オートバイはどれも3、4人あるいはそれ以上の人数を乗せて走っていた。そこらじゅうを子どもが走り回り、若者はたいていカラシニコフ（銃）を肩から提げていた。夜、宿泊先に戻る際には、建物前まであとをつけてきた人や車、自転車などがないか、よくよく確認するようにと注意された。強盗の恐れがあるためだ。

トンレサップ川とメコン川沿いの、今では遊歩道となっているあたりは、泥だらけで通行不可能な斜面だった。

フランス植民地時代の建物はそのほとんどが湿気によるカビで覆われていた。四六時中起こる停電のため、昼夜を問わず発電機が大きな音を立てていた。牧歌的な町並みは交通渋滞で埋め尽くされていた。

幼い浮浪児のグループや足を切断した元兵士などがたむろする、スラムのような場所もあった。

売春宿を示す赤い照明が並ぶ一角もあった。バーは酔った西洋人で溢れ返っていたが、彼らはみな、しらふのときはさぞかし高いポストにある高給取りなのだろうと思わせた。

プノンペンは、古い時代と新しい時代の境目にある町だった。この時代のプノンペンを目撃できたことは幸運だったと思う。

「国境なき」と謳っている通り、ほかの人が行かぬところへでも必要があれば行く、それは我々の仕事の一部だ。

このころのカンボジアには少なく見積もっても500以上の非営利団体が介入していた。どれも「人道的活動」を標榜し、その多くは間違いなく人道的活動を展開していたと考えられるが、当時の彼らの好待遇に支えられた献身的な働きの動機としては、この国の歴史の一ページに関与しているという喜びのほうが勝っていたのではないかと思う。

意外に思われるかもしれないが、援助団体での仕事はいくつかの特権をともなうことがある。

まず、多くの人と会う機会があるという点が挙げられる。彼らのストーリーを聞き、その多くは悲劇的なものだが、それにじかに接する機会があり、彼らの苦しみや心情とあわせて、その生きる力、生き抜くための頑張り、そしてその希望や喜び、夢などに間近に触れることができる。

また、歴史的な瞬間に立ち会うということも時としてありうる。再建さなかの国や、戦争の終結、あるいは不幸にして戦争が始まった瞬間に立ち会うこともある。

また、子どもらの未来のため立ち上がり闘おうと決意した地域に居合わせることもある。連帯のもとに人びとが動き、より人間的で、より生きやすくなった世界に身を置く瞬間もある。

そして、世界をこの目で見られるという特権もある。

私はトランクバールという地へ、その名前に興味を引かれて行ってみた。チベットに始まり、ラオス、カンボジア、そしてベトナムへ続くメコン川の雄大さは、どう言葉を尽くしても説明しきれない。

パキスタンの北、コヒスタンを流れるインダス川を実際に見た、その喜びは我ながら子どもっぽいとすら思えたほど純粋なものだ。コヒスタンには、金髪の巻き毛に青い瞳の子どもたちもいる。彼らを見ながら、この地を通り抜けたアレクサンダー大王とその兵士たちの末裔なのではないかと思ってみたりする。

私はメコン川、インダス川、ガンジス川、ブラマプトラ川がそれぞれ場所によって名を変えながら流れ、その土地の人びとの生活を潤してきたのを見た。

パレスチナとヨルダンを縦断しながら、ダマスカスの市街地を歩きながら、エルビルでお茶を飲みながら、自分のルーツや人類の起源を発見したような気持ちになったものだ。

ダッカやマニラのスラムの子どもたち、プノンペンのストリートチルドレン、シリア難民の子どもたち、彼らは私にとって世界でもっとも重要な人物たちだ。

さまざまな視点を持ち続けたい。

時としてともに働く同僚にさえ、うまく説明するのは難しい。

だが、出会い、発見し、感じ取ること、それは私の仕事なのだ。

7．１９９５年１月17日

１９９５年１月17日。この日は朝日新聞の取材のあと、午後は国際基督教大学（ＩＣＵ）で講演、夜はフランスの日刊紙「ル・モンド」の特派員フィリップ・ポンス氏と夕食を取る約束だった。翌日は共同通信のインタビュー、顧問弁護士とのランチ・ミーティングのあと、日経新聞の取材を受けてから夕方には何かのレセプションに出席というスケジュールが組まれていた。

だが、事務局のスタッフが関西で大きな地震があったと知らせてきた。日本へ来て2年、すでに地震には慣れていた。だが、その日の朝5時46分に発生した地震については、昼ごろになってもまだ詳しい情報は入ってこなかった。テレビでは限られた映像を繰り返すばかりだったが、それでもその被害は私の知っている地震とは比べ物にならないということが見て取れた。神戸のあちこちで火の手が上がっており、その勢いは増すばかりだった。

報道では各種機関が混乱に陥っている様子も伝えられた。首相への第一報は発生から2時間近くも経過したあとであったという。誰が救援活動を指揮するのかも定かではなかった。市町村か県レベルで行われるのか、あるいは自衛隊が主導するのか。狭い路地にがれきが散乱し、消防車が入れない。高速道路が横倒しになっている映像は非現実的ですらあった。混乱は続いた。

米軍の申し出た救援活動は拒否され、スイスの救援隊が連れてきた災害救助犬は受け入れに時間がかかり、フランスの救援隊も足止めを食らっていた。その間も被害の甚大さは刻々と明らかになっていく。地震大国といわれる日本は、大混乱に陥っていた。

だが、日本は市民レベルで動き始める。全国の市民が個人レベルで、家族レベルで、学校のクラスで、被災者への連帯のために立ち上がった。帰属するグループや地域、上下関係による序列に従って動くのが一般的なここ日本で、一人ひとりが人として被災者のために何かしたいと動き始めたのだ。

1月18日、被害の状況について明確な情報は得られないまま、私は高田馬場の私の自宅を兼ねたオフィスで事務局スタッフとミーティングを行なった。

私の指示は奇妙なものだったろう。私は、国境なき医師団（ＭＳＦ）日本としてではなく、まずは日本の一市民として行動を起こそう、とスタッフに呼びかけたのだった。その違いは小さくない。

当時のＭＳＦ日本は、このような未曾有の大災害においてできることは何もないどころか、むしろ学ばせてもらうことばかりだと私は考えた。この国の人びとの秩序ある様は、大震災の被災地においてすら、我々の手本となるものだと思えたのだ。

しかし、何もせずにいるという選択肢はなかった。ゆえに、日本の一市民としてできることをしたいと考えたのだった。非営利団体である分だけ、動きやすかったこともあるだろう。自分たちで活動の是非を判断し、自分たちでその内容や予算を決定することができる。何かしなければという思いを抱えていた事務局のスタッフやボランティアたちにとっては、ＭＳＦ日本という存在がその手段を与えたとも言える。

ＭＳＦフランスやＭＳＦベルギーからはチャーター機で医療品やテント、毛布などの救援物資輸送の申し入れがあったが、私はすべて断った。日本は地球上でもっとも豊かな国だ。必要な物資は日本国内で調達できるはずだと考えたのだ。

当時のＭＳＦ日本は開設されたばかりの事務局で、国内での人脈やネットワークは乏しいものだった。しかし、ちょうどその数週間前に我々は神戸市長田区のＹＭＣＡで講演会を行なったばかりだった。その縁をたどってスタッフを３名、長田区のＹＭＣＡへ送った。どのような活動を展開するにせよ、現地の人とのコンタクトや活動拠点が必要となるからだ。

そして、この長田区のＹＭＣＡに向けて３台のトラックを出発させた。毛布やカセット式ガスコンロ、緊急時の食料品などを積み込んだ２台が東京と名古屋を出発、もう１台は大阪から、飲料水を山積みにして長田区を目指した。幸い３台とも目的地にたどり着くことができた。

東京から送られた毛布は、とある非営利団体から寄付されたものだった。山友会という主に隅田川沿いのホームレスの人びとなどを支援する団体だ。このときの恩はそれから２年後に返せることになる。

その間、東京の事務局では昼夜、被災地へ救援に行きたいと志願する医師、看護師らの問い合わせ電話を受け続けた。今日明日にも、という申し出はすべて長田区の保健所へ取り次ぐに留まった。その時点では我々が診療所を設置し、医療行為を行なうという態勢はまったく整っていなかったからだ。同時に、そうした志願者にはボランティアとして登録してもらい、こちらからの連絡を待ってもらうよう依頼した。我々の決めたルールはごくシンプルなものだった。現地の保健所から依頼があればそれに応える、というものだ。要請があれば出かけて行き、また要請があれば身を引く、そういう形を取ることに決めた。

　結果として、ＭＳＦ日本は１９９５年１月から６月まで、三つの診療所で活動を展開した。全国からボランティアの医師、看護師らが入れ替わり立ち替わり現地入りし、診療時間が途切れないようバトンをつないでくれた。その後、緊急事態とも呼ぶべき状況が過ぎると、今度は地元行政からの要請を受け、公園などに身を寄せていた不法滞在の外国人被災者らへの支援を行なった。神戸市内の仮設住宅での活動は震災から４年間続けられた。

　４年の間、我々は主に、仮設住宅で暮らす独り身の高齢者を対象とした支援を行なった。こうした人びとの多くは、震災で多くのものを失ったあと、生きる希望を見出すことが難しいのが現状だ。私は、仮設住宅に入居した人びとが、想像以上のスピードで老け込んでいくのを目の当たりにした。とくに配偶者、連れ合いを震災で亡くされた高齢の方々の悲嘆は深かった。我々の活動は、そうした人びとに寄り添い、話し相手になるなどしながら、それでも生きていかなくてはならない、というメッセージを伝え続けるものだった。

　１９９４年に設立した「国境なき学生」というグループはそれまでも折に触れてボランティア活動をしてくれていたが、私は彼らに、ＭＳＦが診療所を開設している中学校の校庭でカフェみたいなものをやってみないかと提案してみた。彼らは早速テントを張り、テーブルと椅子を並べ、暖房器具とコーヒーメーカー、そして看板を設置した。このプロジェクトは、何かやりたいという学生の意欲に応えると同時に、底冷えする中学校にほんの少しの暖かさをもたらすことに成功した（この年の冬はとりわけ寒さが厳しかった）。

これらのプロジェクトを進めながら、私は一つのことをあらためて学んでいた。いかなる援助も、それをもたらす側と受け取る側、双方にとって非常に大切なものであるということだ。援助をもたらす側には、純粋な喜びや満足感がある。もちろん、自己満足に陥る危険性もあるが。

当時のMSF日本による活動に加わったボランティアの多くにとって、神戸へ赴くというのは大きな意味のあるアクションだった。「神戸へ行ってきた」それを実感するために、大勢の人が現場を、活動の最前線を目指した。

しかし、真のボランティアとは、提案されたポストを受け入れる、そういう人のことだと私は思っている。その段階で必要とされている役割、しばしば裏方の、目立たないが活動に不可欠な働きをする人びとだ。非営利団体がうまく機能するためには、悲劇が起きている現場とは遠く離れたところで、事務や経理や管理などをしっかり固める人材が必要である。

今日も国境なき子どもたち（ＫｎＫ）の東京の事務所で、日々、デスクワークに専念しているスタッフたちには頭の下がる思いでいる。郵便物を仕分けたり、コピーを取ったり、切手貼りなどしてくれる人びとも、現場で活動を展開する人と同様に団体を支える大切な存在で、彼らなしには活動はなし得ない。

阪神淡路大震災の被災地で、我々はさまざまな活動を展開した。奇抜なプロジェクトもあれば、こちらの心が大きく動かされた事業、中にはあまり効果のない活動もあったが、どれも被災地の人びとを思っての活動だった。

当時、ＭＳＦの書籍を出したばかりの出版社は、社員らを大阪、梅田からボランティアに送り出してくれた。神戸への交通網はまだ復旧していなかったので、彼らは隊列を組み、徒歩で飲料水やタオルなどを運んできてくれた。そして帰りは避難所のゴミを背負って持って帰ったのである。私も想像力のあるほうだが、さすがにそこまでは思いつかなかった。

被災地での活動にあたって、最初の数カ月は現地のボランティアはＭＳＦのロゴを身に着けていなかった。ＭＳＦの旗のもとで動くのではなく、それぞれが一市民として苦境におかれた被災者のためにやれることに力を尽くす、という方針だったからだ。

ＭＳＦとして最初に神戸へ送ったチームは、室蘭の病院に勤務していた看護師2名と、鹿児島の外科医、そしてＭＳＦフランスの医師からなる4名で構成されていた。室蘭の病院とは私が講演に招かれて以来のつきあいで、この激甚災害の被災者のため、いち早く支援を表明してくれていた。鹿児島の外科医はＭＳＦのスリランカにおける活動に参加した、日本からの初期の海外派遣ボランティア経験者だった。そしてＭＳＦフランスの医師は、ちょうど北朝鮮（朝鮮民主主義人民共和国）での援助活動のために派遣されていたところで、彼は医療行為を行なうためではなく、アドバイザーとしての参加だった。

神戸での活動は、結果としてＭＳＦ日本の活動を周知する機会ともなり、我々からマスメディアに働きかけずとも、向こうからこぞって取材に来るようになった。１９９５年の夏、私はＭＳＦが日本で着実に動き始めた手ごたえを感じた。以後、それは確信へと変わっていく。

8. 青少年向けプロジェクト

1995年は我々にとって神戸での活動に奔走する1年となったが、同時に私は国境なき医師団（MSF）日本として、新たに「青少年向けプロジェクト」を始動することに決めた。

非営利団体とは、人びとの暮らすコミュニティの中に息づく存在だ。そして人道医療援助団体であるMSFの役割は、疾病や紛争、大規模自然災害などで苦しむ人びとの治療と並んで、彼らの苦しみ、その現実を証言し、広く伝えることにある。証言し、情報を伝え、理解を深めてもらうことは、治療と同じくらい重要な活動である。

医療援助の団体ということで、ともすれば海外活動への参加を検討する医療従事者や、寄付をしうる層などごく限られた人にのみ働きかけてしまいがちである（その対象を広げたとしても、我々の活動を好意的に報じてくれるマスメディアや、各国の祝祭日のお祭りに招待してくれる外交官あたりまでであろうか）。

しかし私は、MSFに参加した当初から、MSFはあらゆる層の人びとが暮らすコミュニティの一員であり、ゆえに社会のあらゆる層の人びとに働きかけるべきだと考えてきた（そしてそれゆえに批判も浴びてきた）。

MSF日本は、その開設当初から、若者や企業、芸術家など日本の老若男女に向けてさまざまなプロジェクトを実施してきた。1993年に企業を対象に立ち上げた「100社クラブ」を皮切りに、1994年には「国境なき学生」を発足させ、1996年にはMSF日本フォトジャーナリスト賞というプロジェクトを始動、また1997年にはビデオ映像部門と「国境なき子どもたち」をスタートさせた。1999年には人道分野における教育研究を促進するための「国境なき医師団日本基金」というアイデアも実現に向けて動き出した。

そのような流れの中で、この1995年には、日本の青少年向けプロジェクトを開始したのだった。子どもたちに、MSFの活動国の状況や当地の子どもらに関する理解を深めてもらおうというのがその目的だ。2年後、この青少年向けプロジェクトが発展し「国境なき子どもたち（KnK）」として任意団体化される。そして2000年にはKnKはカンボジアとベトナムの恵まれない青少年のための独自の援助活動を展開するようになる。

そもそもの青少年向けプロジェクトは、11歳から16歳の少年少女を対象に一般公募で「子どもレポーター」を選出し、MSFの活動現場での取材をしてもらうという趣旨だった。子どもという立場でMSFに資金提供をしたり、援助活動に参画したりするのは不可能に近い。しかし、現地へ行き、自分の目で見たことを人に伝えることはできる。

「子どもレポーター」の第一の役割は、現地で見知ったことを家族や友人に、学校あるいは地域で語ることだった。また取材の模様をビデオ撮影し、レポーターの住む地域のテレビ局、あるいは全国放送で多くの人に取材報告を届けられるようにした。レポーター募集のアナウンスがテレビで放映され、「子どもレポーター」は春に取材を実施し、夏休み中に日本テレビ放送網で取材報告を行なうことに決まった。同局はちょうど戦後50年の節目に、戦場の中にある子どもたちをテーマにした番組を計画していたのだ。

「子どもレポーター」第一号は、三吉典（14歳）によるカンボジア取材だった。現地には日本からテレビタレントも同行した。当時のプノンペンはまだ夜間に外出するには治安に不安があり、カラシニコフを肩から提げた兵士や民兵と思しき人びとがバイクに二人乗り、三人乗りで移動する姿も街中に多く見られた。夕方、宿へ戻る際には強盗に目星をつけられないよう、とくに気をつける必要があった。日中の学校や病院、義肢センターなどでの撮影取材はとくに大きな問題もなく過ぎたが、14歳の少年には負担が大きかったようで、彼は何度か体調を崩した。

暑さ、取材内容への驚き、旅の疲労、そして幾人もの人との出会い。レポーター事業はその後20年以上続いているが、参加する子どもたちにとっては時にひどく重たいものを背負う経験であったことだろうと思う。

「子どもレポーター」第二号の取材地はスロベニアだった。1991年に静かに独立を果たした旧ユーゴスラビアのこの国には、コソボやセルビア、ボスニアといった周辺国から大量の難民が流入していた。取材は首都リュブリャナ郊外の小さな難民キャンプに収容されたイスラム教徒の家族らを対象としたものだった。レポーターを務めた大上望と松永千草は、それぞれ岩手と神奈川の出身で当時11歳と13歳だった。

このとき取材に応じてくれた難民たちは、数カ月後に出身地に戻る計画でいた。そして中にはスレブレニツァ出身の人びともいたことに私が思い至るのは、しばらく経ってからのことだった。

この年の夏、1995年7月にスレブレニツァではおよそ8000ものイスラム教徒がセルビアの民兵により虐殺された。我々が春に取材を通じて出会った人びとの中に、7月までにスレブレニツァへ帰還した人がいなかったことを祈るばかりである。

「子どもレポーター」第三号の取材はマラウィでおこなわれた。マラウィは遠くアフリカ南部に位置し、当時世界でもっとも貧しい国といわれていた。私個人はこの国を再び訪れることができて嬉しかった。私はその3年ほど前、まだパリのMSFに勤務していたころにマラウィでの活動現場を視察に訪れる機会に恵まれていた。そしてその視察をもとにまとめた物語は、フランスの子ども向け雑誌「Okapi」にマンガとなって紹介されたのだった。

レポーターが取材に訪れた当時、マラウィには、隣国モザンビークからの難民が100万人近くも流入していた。同時にモザンビークは、15年以上続いた内戦が終結し平和を取り戻しつつあった。レポーターの萱場亮（12歳）と與子田薫（13歳）は、14歳の難民少女が7年ぶりに故郷へ帰還するところを取材した。少女はまだ見ぬ家族に会いに旅立ったのだ。どのような未来が待ち受けているのかまったくわからない、そんな出発の日に彼女が見せた笑顔の美しさは忘れられない。

我々はシーレ川を渡る少女に同行した。シーレ川はマラウィとモザンビークの国境に沿って流れ、その後ザンベジ川に合流する。目的の地まで、舟は静かに進んだ。モザンビーク側の船着場に着くと、彼女は国連高等難民弁務官事務所のスタッフとともに生まれ故郷の村を目指して歩き始めた。私はその後の数々のレポーター取材で諸外国へ行ったが、この場面は深く心に残るものとして記憶している。なかなか訪れる機会のないアフリカの奥地マラウィで、一人の少女の新たな旅立ちの日に立ち会えたことは幸運だった。

これら3カ国での取材は、「戦場の中の子どもたち」というテーマでこの年の8月に日本テレビ系列で放映された。のちにおよそ1000万人もの人が視聴したとの説明を受けた。こうして「子どもレポーター」事業は順調な滑り出しとなった。

その後、「子どもレポーター」事業は、KnKの発足へと発展していく。2003年からは「友情のレポーター」と名称を変更し、20年以上にわたり日本の青少年に海外へ取材に行く機会を提供してきた。東南アジアや中東、アフリカ等での取材に携わったレポーターは総勢60名を超える。

1995年のスロベニア取材に出かけた松永千草は今や3児の母となり、2000年カンボジア取材を行なった渡邉塊はニューヨークで音楽大学に進んだあと、今は沖縄で暮らしているという。1998年ベトナム取材に参加した横山雄祐はJICA（国際協力機構）で仕事をするようになった。2007年にカンボジアを取材した大沼文香は、その後児童福祉司などの資格を取り、青年海外協力隊の一員としてニカラグアへ旅立った。

年若くして世界の一つの現実を目の当たりにした60名の子どもたち。そんな彼らが世の中を変えていくかもしれない。

私はこのプロジェクトが始まった当初から、担当するスタッフらに言い続けてきた。この子どもらにとっては、我々との出会いがすでに一つの冒険だと言えるだろう。親や学校の先生以外の大人と旅行するのは初めてという子が多いかもしれない。それも、家から遠く離れた異国への旅だ。日本を出るのも初めてなら、飛行機に乗るのも初めてという子もいるだろう。知らない人と同じ部屋で寝るという経験もしたことのない子がほとんどではないだろうか。

そして私は、この子にとって初めて出会うガイジンなのかもしれないのだ。こうした冒険へと踏み出してくれた子どもたちを誇りに思う。

そして、旅先での出会いもまた大冒険だ。ストリートチルドレン、施設で暮らす子どもたち、スラム街の子どもなど、同世代でありながらまったく異なる環境にある子どもたちとの出会いは、彼らの視点を変えうる大きな出来事となるだろう。レポーターとしての旅は自分を大きく成長させる転換点となったと、のちに多くの参加者が述べている。

一人ひとりがより視野の広い人間に成長するために、この取材旅行は何らかの貢献をしたのではないかと私は考えている。他者との出会い、これに勝る冒険はない。

9．小さな5円玉

今よりもう少し若かったころ、私はよく夜の東京に出かけたものだった。神田や神楽坂あたりの小さなレストランや居酒屋、バーなどに行くのが好きだった。新宿のゴールデン街で50年代の雰囲気を楽しむこともあれば、渋谷、六本木などで東京らしさを満喫できる飲み屋に通うこともあった。帰りは早ければ終電で、遅ければ朝の始発で帰宅した。街をよく知りたければ夜中に歩くのが良い。東京ならば真夜中過ぎでも何の心配もない。

私の趣味は、趣味といえるのかわからないが、夢の中にいるように空想することだ。夜中に、あるいは旅行で長距離移動しながら、または年中とてつもない長時間を過ごす駅や空港の待合ロビーで、あるいは散歩中でも、美術館でも、海辺でも、私は好んで空想に身を浮かべる。

頭の中で自分自身と対話しながらだったら何時間でも過ごせる。遠い夢を描き、明日あさってのことを考え、良い考えが浮かべば消えてしまう前にメモをする。

そんなある晩、いつものようにどこかのバーで呑んでいた。その日は私にはちょっと若々しすぎる雰囲気だった。居合わせた客の間でゲームが始まった。どうやら5円玉を使ったゲームらしい。ゲームなどは好きではないが、隣席の客が5円玉を持っているかと尋ねてきたので財布の中を探してみた。

5円玉は真ん中に穴の開いた、金色の硬貨である。5円には「ご縁」に通じる響きがある。「ご縁」それは人と人とのつながりを意味する。隣に座る見知らぬ人に5円玉を手渡しながら、その硬貨があたかもその人と私をつなぐ役割を担っているかのような感覚を覚えた。私の日本語は万年初心者レベルだが、5円と「ご縁」の掛け言葉を発見して何だか嬉しくなった。そして翌日、この出来事をもとに新たなプロジェクトを考え始めたのだった。

国境なき子どもたち（KnK）は、毎年「友情のレポーター」による海外取材を実施するにあたり、レポーターを日本に住む11歳から16歳の青少年男女から一般公募している。まずはその公募の選考方法として、次のような課題を設定することにした。

「学校からの帰り道、あなたは5円玉が落ちているのを発見します。拾い上げてみると、真ん中の穴の向こうに何かが見えました。もっとよく見てみようとのぞき込んだその瞬間、あなたは5円玉の穴の中に吸い込まれてしまいます。

そのまま空高くどこまでも飛んでいったかと思ったら、いつの間にか地面に着陸していました。けれどもそこは、いつもの帰り道ではありません。聞いたことのない外国語が飛び交う大都市のようですが、路上はホコリだらけで、やたらと蒸し暑く、行き交う人はあなたなど気にも留めずにぶつかってきます。気がつけばあなたの服も汚れた古着のようになっています。そう、あなたはストリートチルドレンになっていたのです。周りにいるのもみな、同じような子どもばかり。あなたの持ち物は握りしめた5円玉1枚だけ。この国ではどのくらいの価値があるのかもわかりません。

さて、これからあなたはどうしますか。どこへ行けばいいのか、誰を頼りにすればいいのか、どうやって生きていけばいいのでしょうか」

この課題に応えて作文を寄せてくれた応募者の中から2名を選抜し、カンボジアのプノンペンにストリートチルドレンの取材に行ってもらった。そして、想像以上の現実を目の当たりにした彼らに、取材報告してもらったのだった。

５円玉と「ご縁」の掛け言葉を出発点としたもう一つのプロジェクトが、「友情の５円玉キャンペーン」だ。これは日本全国の子どもたちを対象にした、募金を通じて「ご縁」すなわち友情を取り結ぶためのプロジェクトである。

俗に、寄付金を募る際に、子どもはメインの対象ではない。しかし、お金とは、それ自体が不健康なものではない。使い方によっては、非常に教育的な意味合いを持つものでもある。

日本では、私が生まれ育ったフランスと同様に、子どもでもお年玉やお小遣いなどのお金を持ち、親からその管理や使い方を教わるのが一般的だろう。我々はこのキャンペーンを学校やクラス単位で取り組んでもらうものとした。これにより、学校の先生方の協力を得て、参加者が正しいお金の扱い方を学ぶ機会ともなる。こうして、「ご縁」につながる５円玉を集めてアジアの恵まれない青少年をサポートする「友情の５円玉キャンペーン」が始まった。

５円という額は小さくとも、見知らぬ国の子どもたちへ送る友情の証なのである。これを送るという行為は、その金額以上の価値がある。

２００1年の開始以来、これまでに９１０以上の学校やグループがこのキャンペーンに賛同、参加してくれた。このキャンペーンで寄せられた寄付金は、カンボジア、フィリピン、バングラデシュにて恵まれない青少年の学用品代や食費などに充当されている。

私は夜の東京に出かけることはめっきり減った。しかし、空港の待合ロビーや海辺では今もなお新しいアイデアを探し続けている。

10. 五つの命

これは我々が製作したビデオ作品のタイトルである。

「五つの命」の製作には3年の月日がかかった。

作品が完成を見たとき、すでに5人の登場人物のうち3人は亡くなっており、残る2人にも残された時間はわずかだった。

この人びととの出会いは、私に生きるとはどういうことか、そして死とは何か、そんなことを考えさせてくれた。

私がタイのスリンを最初に訪れたのは、1997年のことだ。そこで私は、生まれて初めてエイズを患う人びとに出会った。

若きフランス人医師ジェラルドが、タイでの活動を始めてすでに1年半が過ぎていた。彼は末期のエイズ患者らに新しいケアを提供しようとしていた。現在の私たちにとってはごく当然のケアでも、当時はまだ受けられる人は限られていたのだ。

そのころ、タイではエイズは恥ずべき病と考えられており、堕落した人びとがかかる不名誉な病気か天罰のようにみなされていた。そして、多くの人がこの病気をひどく恐れていた。エイズは近くに寄るだけで伝染するとか、手を触れただけ、あるいは視線を交わしただけでもうつると考えていた人すらいた。

一般的に、末期患者の多くはひどい痛みに苦しみ、サポートする周囲の人びとにとってもつらい日々が続く。

　この病気が宣告され、家族や友人、職場などから見放される人は少なくなかった。病状が進むにつれ体の不具合が重なり、残された日々を病院の片隅で一人きりで過ごす患者も珍しくない。現地の医師や看護師も正しい対処法を知らず、この招かれざる患者に近づいたり、手を触れたりすることを嫌がるケースもあった。

　患者にとっては、エイズに罹患することは地獄への坂道を転げ落ちていくようなものだった。身体の痛みに加えて、孤独感が彼らをさいなんでいた。

　医師ジェラルドは、この状況を打破しようと力を尽くしていた。

　彼は、およそ1年にもわたるタイ各地での調査活動の結果、スリンの病院で活動に取り組むことに決めた。南にカンボジア国境を有し、東側はラオスにも近いスリン県は、タイでももっとも貧しい地域の一つだ。私の記憶では、当時の同地でのエイズ罹患率は国平均に近いか、あるいはそれよりもやや高いといったレベルだった。

　医師ジェラルドの提案するケアは、説明するのはたやすいが、実施するのは困難なものだった。それは、患者を自宅で家族や近しい人びとの間で過ごさせ、ケアワーカーのグループが各家庭を訪問するというコンセプトだった。そして、患者は月に一度、病院へ通い、自宅ではできない治療を受けつつ、ほかの患者と集まってその経験を共有し合うことが盛り込まれていた。

　このケア方法では、患者自身ができる限りのことを自分でし、また家族や友人らにも主体的に参加してもらう必要があった。また、この病気への見方、患者へのアプローチ方法を大きく変えるため、県内各地の村や集落一つひとつにおける情報提供という地道な活動を展開することも求められた。

当時はまだ、抗レトロウイルス薬を多剤併用する治療法は広まっていなかった時代である。そのころ使用されていた薬は値段も高く、その服用は痛みを伴うこともあった。症状の軽減は難しく、エイズを発症したら数カ月以内に命を落とすというのがここでの現実だった。

人道援助とは、寄り添うことだ。苦境にある人に寄り添うことが、その使命だ。一般的には、難民キャンプで暮らす人びと、紛争から逃れてきた人、路上で暮らす子どもなどに寄り添い、ひととき、ともに歩むことが人道援助活動だ。

そうした歩みには終わりがある。病人は回復し、難民は故郷へ帰還し、ストリートチルドレンはその成長にふさわしい生活環境に移る。活動の目標は、より良い未来をともに目指すことにある。

一方、医師ジェラルドの活動においては、その終着点には死がある。しかも、そう遠くない将来に迫った死だ。

死に向かって患者とともに歩む医師、看護師、ケアワーカーというのは、いったいどういう人びとなのか。

この活動を通じて私は、共感、思いやりという行為の奥深さを学んだ。人の尊厳とは何よりも重要なものであり、それが揺らぐときには、周囲からの思いやりが不可欠なのだ。

スリンのチームの活動は非常につらいものだった。回復の見込みなく、奇跡も望めない末期の患者を受け持つというのは、医師や看護師にとって重たい選択だ。彼らがこの仕事に取り組む原動力はどこから沸いてくるのか、私には今なおわからない。

ジェラルドは、それが彼の意図するところだったかは不明だが、結果として私に試練と、それによりさらに成長する機会を与えてくれた。私は3年にわたって、人の心の温かさや思いやり溢れる行動に接することができたのだ。

この最初のスリン訪問で、ソムジットという25歳の若い女性に出会った。彼女は結婚前の輸血によりＨＩＶ感染をした人だった。結婚して一人の娘をもうけたが、子どももまたＨＩＶキャリアであることが出産後にわかった。夫は家を離れ、別に家庭を持っているという。

ソムジットはエイズを発症し、日に日に疲れやだるさが増す毎日だったが、まだ家事や娘の世話は自分でできていた。私が彼女の話を聞いている間、娘はその膝の上ですやすやと眠っていた。

彼女たちがこの先どうなるのかは、誰にも想像がつかなかった。

ジェラルドはほかにも幾人かの患者を私に紹介したが、そのいずれも末期の患者ではなかったことに思い至ったのは、あとになってからのことだ。

私にとっては、エイズとともに生きる人びととの初めての出会いであり、最初のアプローチだったゆえの配慮だろう。

私は日本に戻り、団体のニュースレターに視察報告を寄稿し、日本国内で寄せられた寄付金の一部がジェラルド医師らの活動に充当されるよう手配した。

半年後、私はスリンのチームスタッフらをインタビューするため、小型のビデオカメラを携えて再び現地入りした。患者については、一人ひとりの身の上話を聞いたり、写真を撮ったりする予定はなかった。プライバシー保護の意味からも、患者たちからは一定の距離を保とうと心がけていた。

しかし、いざ患者たちに会うと、彼らはその人生、その苦しみを語りたいという意欲が強いことがわかった。

彼らの病気のことは語ってはならないのか。それは何に対する慎みなのか。彼らは沈黙を強いられなければならないのか。この沈黙の中を死んでいこうとしている人びとが、自ら語りたい、言葉を残したい、思いを伝えたいと望んでいるのに。

ジェラルドは、本人が希望し家族が了承するケースについて、撮影してみてはどうかと言ってくれた。

以来、2年の間に私は5回、スリンを訪れた。その都度、同じ患者を追い続け、これがビデオ作品「五つの命」になったのだった。

最初にこの世を去ったのは、ソムジットだった。27歳になったばかりだった。私が3回目にスリンを訪れたとき、彼女はちょうど病院へ移されたところだった。それから3日間、カメラマンの常田高志とともに彼女を見舞いに私は病院へ通った。

ソムジットは私を待っていた。彼女はきれいな髪飾りをつけていた。それは、数カ月前の訪問時に我々が彼女に贈ったものだった。私たちは日本の桜の花について話した。彼女に桜の花を見せたかったが、あいにく桜の写真を私は持っていなかった。そこで、翌日は花束を持って見舞いに行った。花をプレゼントされたのは初めてだと彼女が言っていると、ソーシャルワーカーのユイが通訳してくれた。ベッドに腰掛けたソムジットの目は充血し顔は腫れ、鼻には酸素吸入のチューブがついていた。一言一言搾りだすごとに疲労が増していくようだったが、それでも笑顔を見せようと努めていた。

その翌日、ソムジットは自宅へ戻ることになった。活動チームの小型トラックに私も同乗し、彼女の家まで連れて行った。そのときは、私が唯一の男手だった。家の前に到着すると、私は彼女を抱き上げてトラックから降ろし、自宅のベッドに寝かせた。点滴の袋を天井の梁からぶら下げ、枕元に前日の花束を置いた。

ソムジットが息を引き取ったのは、その数時間後のことだった。その傍らで彼女の母親と祖母、そして5歳になる幼い娘が彼女を看取った。

サミュアンと彼の3人の友人らとは、１９９８年のクリスマスの前日に、彼らが働く田んぼの真ん中で会った。ちょうど収穫の時期で、いずれもエイズ患者だった彼らも、無理をしない程度に仕事をしていた。これが最後の収穫になるだろうことは、彼ら自身が一番よくわかっていたが、大切なのは今この瞬間を生きることと、みな、働きに出ていたのだ。

彼らは稲を刈り、それらを集め、ほかの誰かの生きる糧となる米を扱い続けた。

それぞれの皮膚の症状などを見せないよう、暑い中、みな、シャツを着たまま作業をしていた。休憩時間には薬を服用しながらの稲刈りだった。

撮影してほしいと最初に言ってきたのは、このサミュアンだった。自分の人生をどのように生きてきたのかを、友人がどれだけ大切な存在かを語りたい、と彼は言った。彼自身、自分より症状の重い友人の家に通い、入浴や食事の手助けをしていた。そして、彼も最期が近づいたら友人の誰かが来て同じように手助けをしてくれると知っていた。それは死んでいくための手助けではなく、生きるため、そして尊厳を守るための手助けだ。我々は、お茶を沸かすための電気ポットを彼にプレゼントした。

また会いに来てほしい、と彼は言った。そう遠くないうちに。私は次の春に彼に会いに戻った。彼にとって最後の春だった。

サクニーは2歳の少女だった。彼女は5歳の姉とともに叔父に引き取られて暮らしていた。両親は前の年に相次いで亡くなったという。サクニーは入院する必要があったが、そのためには姉と引き離さなくてはならない。苦慮の結果、叔父の家で姉とともに暮らすこととし、ソーシャルワーカーのユイと、看護師のネアンが彼女の叔父の家を毎日訪れて、サクニーのケアをしていた。

スタッフらによれば、誰もサクニーの笑い声を聞いたことがないのだそうだ。微笑みすら見せたことがない。彼女はいつもむすっとして、なぜあちこち痛いのかわからない、という顔をしていた。

その日はクリスマスだった。私はまず､姉に大きなクマのぬいぐるみをプレゼントした。サクニーが、クマがふわふわしていて、姉がにっこり喜んでいるのを理解したのを見届けてから、彼女にもぬいぐるみを手渡した。大きな青いゾウのぬいぐるみだ。ピンク色の耳がついている。

そして、サクニーは笑い声を挙げた。

以来、私はゾウが大好きだ。

ガーシップもまた、なぜ体の具合がこんなに悪いのか、その理由もわからないまま苦しんでいた。彼は5歳の少年で、年老いた祖母に育てられた孤児だった。自分がほかの子どもとは何かが違うということを意識し始めているようだった。毎日、祖母は彼の肌に真っ赤な液体を塗る。これを塗るとかゆみはおさまるが、友だちからは気味悪がられた。私の目には彼の真っ赤な肌を馬鹿にする人はいないように映ったが、いずれにせよかゆみはあまりに強く、この薬をつけないという選択肢は彼にはなかった。

ビデオ作品の終わりの時点では、ガーシップもサクニーもまだ生きていた。彼らの余命は数カ月から長くて1、2年程度と見られていた。この活動地で抗レトロウイルス薬の多剤併用による治療法が導入されたのは、それから3年後のことだった。

もう3年早かったなら、と考えずにはいられない。

「五つの命」の5人目、ヤオは28歳の女性だ。私と出会った当初、彼女は長い鬱の症状から抜け出しつつあった。そして、父親と2人の妹に、自分の病気について打ち明けようと決心したところだった。彼女の予想に反して、病気といういわば時限爆弾を抱えて生きる彼女を、家族はそのままに受け入れてくれた。これにより彼女は、症状の改善はないものの、気力の面では大いに回復することができた。

スリンから数キロの墓地に彼女は眠っている。その墓は訪れる人もないが、周囲の仏像や祠に見守られている。墓地の壁沿いの仏像の脇には、賽銭を受けるための小皿が置かれている。ヤオのために祈りたくなったら、ここへ来ればよい。

ソムジット、サミュアン、ヤオ、ガーシップ、そしてサクニー。いずれもスリンの地を離れて久しい。彼らの思い出は我々の記憶の中に生きている。

彼らのことを思い出すとき、私の頭に浮かぶのは死ではなく、生きることそのものである。

11. 隅田川のほとり

非営利団体の立ち上げには、その礎となる出来事がいくつかある。たとえば、鍵となりうる人との出会い、なんらかの決意、あるいは戦略的なチョイスなどがこれにあたるだろう。そうした出来事の重要性や影響力に気づくのは、ずっとあとになってからのことだろうが、立ち上げの段階ではそれらはインスピレーションや本能といったものに左右されていることが多い。

国境なき子どもたち（ＫｎＫ）の立ち上げに際しては、一般的な援助活動で優先的に支援対象となっている幼い子どもではなく、青少年や若者層を裨益者としたことが団体の性格を特徴づける大きな決定であったが、それはいくつかある選択肢の中からの単なる一つを選び取ったに過ぎない。一方、スマトラ沖大地震・インド洋大津波のような緊急災害の被災地で活動をするという決定は、組織の行方を左右しかねない根本的な選択であった。

国境なき医師団（ＭＳＦ）日本にとって、１９９５年の阪神淡路大震災の被災地で活動するというのもやはり、組織の根幹に関わる大きな選択であった。なぜなら、欧州の各ＭＳＦセクションおよびＭＳＦアメリカ、ＭＳＦオーストラリアなどがその医療援助の対象を開発途上国に限っていたのに対し、私はＭＳＦ日本がここ日本社会の中で果たすべき役割があると判断したからだ。

１９９５年1月、神戸に3台のトラックを差し向けるにあたり、私はジャン・ルボに連絡を取った。彼は山友会という非営利団体をかれこれ15年近く率いてきたカナダ人だ。山友会は北千住および隅田川周辺地域のホームレスの人びとをサポートする活動を行っている。そして彼らは、神戸の被災者のため、山友会に寄せられた毛布を即座に山ほど譲ってくれたのだった。

以来、いつの日かこの恩をジャンと山友会に返したいという思いは頭の片隅にずっとあったが、それを実現する機会は2年後に訪れた。

1997年はMSF日本にとって厳しい1年だった。設立5年にして初めて財政規模が前年を下回った。それまではずっと二桁成長を続けてきていたのだ。

ダイレクトマーケティングによる募金活動は好調で、年を重ねるごとに実績は伸びていた。MSF日本は世界10カ国ほどのMSFチームを資金面で支えていた。

しかし、1997年のアジア通貨危機に端を発する経済危機は、日本にも大きな打撃をもたらした。そして、寄付金で支えられている非営利団体にとって、経済危機は他人事ではない。この年の9月には例年と比べ寄付金収入が減少していることが明らかとなり、年間予算の下方修正が必要となった。だが、それは我々が財政面でまだ余力があることを示してもいた。

このとき私は、日本のほかの非営利団体もこの経済危機のあおりを受けていることだろうと考え、そしてみながみな、MSFほど骨太の資金力を有しているわけではないだろうことも想像がついた。私はジャンに連絡し、山友会の財政見通しについて聞いてみた。すると、今年の収入規模は25パーセント減となる見込みだと言う。私たちは即座に対応を協議した。ジャンはＭＳＦ日本の理事会へ資金援助を申請し、理事会はこれを了承した。このようにして、ＭＳＦ日本と山友会のつながりは２００２年に私が離職するまで続くことになる。

まず、ＭＳＦ日本が雇用する看護師が山友クリニックに常勤で派遣されることになった。次に山友会の広報活動のためのＰＲビデオがＭＳＦ日本により二作品作られた。そして私は隅田川沿いをしばしば訪れ、ブルーシートのテントで暮らす人びとと言葉を交わす時間を持つようになった。テントの数は増える一方で、川沿いのスペースを埋め尽くしつつあった。

山友会を通じてこれらの人びとを支援するというのは、たやすい選択ではなかった。通常、ＭＳＦは自前の援助事業を直接運営することで活動の質を維持し、支援者に寄付金の使途を明確に説明することを是としている。しかし私には、あらゆる決定事項を絶対と丸飲みにせず見直してみるだけの柔軟性がある。山友会が長年にわたり質の高い活動を継続していることはすでに示されており、その収支報告も透明度の高いものであったことから、活動資金を援助するに値すると私は判断した。当時、この地域のホームレスに対し山友会ほど的確かつ人間味あふれる支援をする組織があっただろうか。

しかしながら、私の決断はＭＳＦ内部で諸手を挙げて受け入れられたわけではなかった。ホームレス支援という活動内容に難色を示した者もいる。「身から出た錆であの状況にあるわけで……」「自分で選んだことでしょう」「本気になれば路上生活から抜け出せるだろうに」こうした意見を耳にするたびに私は驚きを禁じえない。

その他の苦境にある人びとに対しても、同様の批判が聞こえてくることがある。最貧困層など恵まれない環境にある人びとに対して「努力が足りない」とか、難民に対して「援助で甘やかされている」とか、刑務所の収監者に対して「罪人なんだから」などの意見は絶えることがない。そうした状況に追い込まれたのは、彼ら自身のみの責任なのだろうか。そして、そこから抜け出すための努力をする機会すら与えられないのは、公平なことなのだろうか。

各人の善悪を決めつけるような視点で、こうした批判を投げかけることを私はしたくない。

人道援助団体の責任者としては、ホームレスの人を路上生活に至らしめた原因は私には関わりがない。私の思考と行動は、状況がより公平で公正なものになるよう、そのためだけに働く。まぎれもない真実、動かしようのない原則として頭に置いておくべきことは、すべての人が等しく尊厳ある生き方をする権利があり、ＭＳＦに関して言えば、すべての人が医療を受ける権利があるということだ。

病気、親類縁者との関係疎遠、社会からの疎外、失業などそれぞれの路上生活の原因については、社会学、政治行政などの観点から分析され対策が練られるべきであろうが、それを苦境にある人へ人道援助の手を差し伸べるか否かの判断材料にすることがあってはならない。人道援助とは、人が人に示す連帯の証であり、すべての人が平等であることの証なのだから。

このときのホームレスの人びとに対する思索は、その数年後に刑務所に収監された青少年支援活動を展開する際に大いに役立った。

MSFは山友会との連携のもと、隅田川周辺地域のホームレスの人びとの医療援助プログラムをより充実させることができた。そしてこの年、我々は大阪の釜ヶ崎でも路上生活の人びとのために活動を開始した。

MSF日本は、倉持悟郎が率いる株式会社G・I・Pの協力のもと、東京および日本各地で多数の写真展を開催してきた。そのうち、2001年の写真展は「野宿する人」をテーマとしたものだった。マグナム・フォトのメンバー、偉大な写真家にして友人でもあるブルース・ギルデンに日本のホームレスを撮影してもらった。その作品は、私の目にはひどく暴力的に映った。このほか、日本の若き写真家、大川砂由里と渋谷敦志による東京と大阪のホームレスを撮影した作品も展示された。写真展初日、会場となった赤坂の写真ギャラリーには、隅田川河川敷で暮らす人びとが招かれた。倉持悟郎と開催した数々の写真展の中でも、この「野宿する人」はとくに私の心に深く刻まれた写真展となった。

1994年以降、毎年のようにMSFの写真展を開催してきたが、その後、KnKに専心するようになってからも私の写真への情熱が変わることはなかった。そして倉持悟郎はカンボジア、フィリピン、パキスタン、インドネシアなどの子どもたちの姿を映し出すKnK写真展のために、引き続き奔走してくれたのだった。

12. 初めてベトナムの地を踏む

一つの仕事が完了したとき、一つのプロジェクトが終わりを迎えたとき、あるいはある程度の達成度に至ったとき、人は時に後ろを振り返ってどこが出発点だったのかを確かめたくなることがある。いったいこれは何をきっかけに始まったのだったろうか、と。

我々が国境なき子どもたち（ＫｎＫ）を任意団体として発足させたのは、１９９７年秋のことである。漢字の「子」の字を使った青いロゴマーク※のデザインは私が自分で考えた。とある大手の広告代理店によれば、このロゴは「あまりにも日本的」で、「国際性に欠ける」のだそうだ。この広告業者は、ＫｎＫは国際的な組織ではあるが日本発のものであることを最前面に出したいという私の意図が理解できなかったようだ。そういうコンセプトは彼らには存在しないらしい。ヨーロッパ風なものとか、アメリカンなもの（カリフォルニアっぽければなお良いのか）でなければ成功しないとでも思っていたのだろうか。

私がこれまでに出会った日本の若者たちにも、日本がいかに素晴らしい国かを自覚していない人が多いようだった。私は国粋主義者では決してないが、自分のルーツを尊びそこから活力を得ることは大切だと思っている。そして、才能や能力というものに国境はない。お金は才能や能力を伸ばすことにも役立つが、お金で才能や能力のなさを覆い隠すこともできてしまう。

ＫｎＫは、日本の青少年向けプロジェクトを担う団体として１９９７年に設立された。

※国境なき子どもたちのロゴマーク

当初は、東南アジアでの援助プロジェクト展開は視野に入っていなかった。そんな中で実施した1998年のレポーター事業は、4人のレポーターがベトナム取材を行なうというものだった。そして、この旅がKnKの運命を大きく変えることになる。

当時国境なき医師団（MSF）はベトナム南部、メコンデルタの最大都市カントーという町でエイズ対策プログラムと公衆衛生プログラムを実施していた。レポーターらは、それらのプログラムと平行して、ホーチミンシティとカントーでそれぞれストリートチルドレンをサポートしている現地組織の活動も取材することになった。

ホーチミンシティで、我々は子どもたちの受け入れ施設を訪問した。そこは受け入れ施設とは名ばかりの、実質的には未成年者の収容所とも言うべき場所だったが、一部の職員らの熱意とスイスの子ども支援NGOテール・デ・ゾムの活動が、いくらか開放的な空気をもたらしていた。受け入れられている400名ほどの子どもたちの生活は厳しいものだったが、彼らの多くが、下手をすれば今以上にもっとひどい状況にだってなりうるということをよく理解しているようだった。たしかに私自身も、ここよりももっと過酷な子どもの施設を見たことがある。

子どもたちの大半は、路上をふらついていただけ、あるいは通りで物売りやかっぱらいをしたなどの理由で警察によってここへ連れて来られていた。身寄りのない孤児、捨て子などもここに受け入れられていた。

彼らの毎日は、いわゆる刑務所生活に近いものだった。早朝、決められた時間に起床し、塀の中の学校へ通い、食事時間はきわめて短く、早々と消灯時間が来る。そんな施設の中でテール・デ・ゾムは職業訓練教室とクラブ活動を運営していた。

クラブ活動の一つ、サーカス部では、50名ほどの少年少女が和気あいあいと汗を流していた。クラブ活動の2時間だけがすべてを忘れられる時間のようだった。顧問のユー先生はひげもじゃの親しみやすい人で、この仕事に情熱を抱き、また子どもたちへの思いやりに溢れていた。

サイゴン（ホーチミンシティの旧名）で過ごした4、5日間、我々は毎日このサーカス部を訪れ、ともに遊び、子どもたちと親しく過ごす時間を持つことができた。部員の一人、フォンは14歳、バランス感覚を活かした技を繰り返し練習していた。彼はこの施設を卒業したあと、何年かの間サーカスを職業にしていたと、のちに語ってくれた。

自分の国と比べ貧しい国を旅するとき、私たちは出会う子どもの人数の多さに圧倒されることがある。レストランのテラス席に花やチューインガムを売りに来たり、物乞いに来たりする子も多い。彼らは自分の弱さを売り物にして同情を引こうとする。赤子を抱いた13歳くらいの女の子などが、その典型的な例だろう。少年なら靴磨きか。その哀れな姿にレストランで食欲を失うことも珍しくない。

レポーターたちはよく、「どうすればいいのか」と私に尋ねた。少しお金をあげるべきなのか、あるいはあげないほうがいいのか。

お金をあげると子どもらはますます物乞いするようになるからあげるべきではない、という観光客は少なくない。そして実際に彼らは相手が誰であろうと決してお金をあげることはない。お金をあげない言い訳ならいくつでも見つかるようだ。

私はレポーターたちに、自分がベストと思えることをすればいい、といつも答えてきた。彼らの出した答えは、少しばかりのお金をあげるか、あるいはレストランで注文した食事を物乞いの子どもと分け合うことが多かった。ホテルの部屋で寝かせてあげたい、と言って自分の宿泊先まで物売りの少年を連れて帰ったのは、２０００年にベトナム取材をした山本翔平（12歳）だった。路上で宝くじ売りをしていた少年ロックもまた12歳だった。

ロックは地方の村の生まれだったが、両親を亡くし大都市サイゴンへ一人で出てきたのだった。この出会いがきっかけとなり、ロックは我々の取材のあとでＫｎＫの受け入れ施設で暮らすこととなった。そして彼が20歳になるまで、ＫｎＫはその学費をサポートし続けた。路上で暮らす子どもらに対し、ほんのわずかな時間でもともに過ごすこと、あるいは小額のお金を渡すことは悪いことではないと私は考えている。

ＫｎＫの活動を進めながら、私は「今この瞬間」の大切さに思い至るようになった。明日何が起こるかは誰にもわからない。もちろん誰しも明日のことを考える。ＫｎＫのスタッフはみな、子どもたちの将来に思いを馳せ、身を砕く。

しかし何よりも貴重なのは、今生きているこの瞬間である。ほんのわずかな時間、一つの視線、一つの行為が一生を左右することだってありうるだろう。ストリートチルドレンのために働くにあたっては、これを常に念頭に置く必要がある。不安定な生活を送る彼らにとっては今この瞬間がすべてであり、この瞬間の出来事が人生に大きな影響を与えないとも限らないのだから。

私はこの魔法のような瞬間を逃さないようつねにアンテナを張り、そして自分の心に耳を傾ける。このような直感が外れたことはほとんどない。

旅先で哀れな子どもたちを見かけると、ついそちらに視線が行くだろう。同時に、彼らが向けてくる視線は避けたいと思うのが人情だ。だが、私の仕事は、そうした子どもたちの視線を受け止めることだ。私にはその視線を受け止めるだけの力があると思いたい。実際には私は強い人間ではない。けれども、子どもたちの視線を受け止める人間であることを幸せに思う。

そしてフォンは私に視線を向けた。その視線は私の心を強く揺さぶるものだった。KnKが現在あるのは、彼のせいであり、彼のおかげなのだ。

ホーチミンシティの施設をあとにしながら、私の頭の中にはさまざまな問いがグルグルと回っていた。この少年のために私に何ができるだろうか。何をすべきなのか。私のやるべきことと、私の職業とはどう折り合いをつけることができるのか。

翌朝、私たちはベトナムを発った。

それから3カ月後に私はベトナムへと戻った。それらの問いに答えを出すために。

13. 再びホーチミンシティへ

二度目のベトナム、今度はＮＧＯテール・デ・ゾムの職員グエンとのアポイントメントのためホーチミンシティ入りした。

新婚のグエンは、初めての子どもの出産を待っているところだった。私よりもずっと若い彼は、私がアドバイスを求めに来たことに驚いていた。私もかつて20歳のころ、グエンと同様にストリートチルドレンに路上で接するエデュケーターをパリの下町で務めていたことがあり、たしかにこの業界での経験で言えば私のほうが先輩と言えるだろう。しかし、彼のアドバイスが必要なら彼に尋ねるのが一番だ。それがたとえ若者であっても。

どのような確信であっても、必要なときにはそれを疑ってみなければならない。そして、私は冗長な議論の果てに何かを決定することが好きではないし、永遠に終わらないかのような長い会議もしない。チームの責任者ならば最終的な決断は自分ひとりで下すものだが、それと同時に、チームの良き責任者とはチームを適切なメンバーで構成し、その意見を聞くことのできる人間だ。

私の抱えている問題はシンプルだった。私は国境なき医師団（ＭＳＦ）日本の事務局長で、ＭＳＦ日本の活動は非常にうまく行っていた。ＭＳＦの各活動地での活躍に自分自身が寄与しているという実感があった。自分は人助けをする集団に属し、人びとを苦境から救う英雄の一人である、と考えることだってできただろう。だが、そのときの私は、これらの美しい言葉に自信が持てなくなっていた。もっとできることがあるのではないか、という思いに私は駆られていた。

少年フォンに対して私にできることは何か。自分の養子にするというチョイスが問題外であることはわかっていた。ほかのどこよりも、自分の国で、自分の居場所にいるのが彼にとってベストなのだから。当面の問題は、彼が刑務所にも似た施設に収容されているという点だった。そして、そのような少年少女が大勢いた。私にできることは何だろうか。

「家」を提供しよう。

その日の晩、収容施設の薄暗い中庭でグエンとフォンを前に、私はその答えが実はすでに自分の頭の中にあったことを悟った。フォンが初めて私に視線を向けた瞬間、数カ月前に私がその視線を受け止めたときから答えは出ていた。ただそれをアイデアとして形にまとめるために、この二度目のホーチミンシティ行きが必要だったのだ。それは、誰かに気持ちを伝えたいときに、電話ではなく面と向かって言いたいと思うのに似ていた。

旅は自分を成長させるきっかけになると私は書いた。これまで数え切れないほどの旅をしてきたが、そのどれもが私により深く物事を考えさせ、想像力を高めさせ、先を読む力を与えてきた。旅がいつも私を前へと推し進めてきたのだ。

そして、自分を成長させるきっかけであるゆえに、旅の目的はどこかの国のどこかの風景、見知らぬ異国の地ではない。その目的地は私の心の中にある。

他者との出会いに勝る冒険はない、とも私は書いた。なぜならそれは自分自身との出会いでもあるからだ。

答えが形になってからは早かった。

フォンに家を買い与えるような財力は私にはなかったが、非営利団体の作り方なら知っていたし、非営利団体という組織でならフォンに居場所を提供することが不可能ではないことも知っていた。彼一人を住まわせる家ではなく、恵まれない子どもたちを受け入れ、ルールのもとに運営される家、子どもらを保護し、見守り、導くスタッフのいる家を作ろう。そのための非営利団体が必要だ、いや、それなら１９９７年からすでに国境なき子どもたち（ＫｎＫ）があるじゃないか。

ＭＳＦは医療援助団体だが、ＫｎＫは恵まれない子どもたちをサポートする団体であり、教育的な活動を行なうという特徴を帯びていた。ゆえにＭＳＦとしてはこうした施設の運営はできないが、ＫｎＫならできると私は判断したのだ。

資金的には可能だろうか。

やってみる価値はある。日本はＮＧＯの世界では当時まだ新興の国だったが、そのフィールドが成長する可能性は充分にあると私は考えた。私自身がＭＳＦを日本に根づかせることができたのだから。

こうしてその晩、収容施設の中庭で我々の活動計画の大筋を練った。青少年、若者のための家となる施設。年少の子どもたちをケアする団体は星の数ほどあるのだから、その支援の枠から外れてしまいがちな、14歳から18歳ほどの年齢層の青少年らを対象としよう。

恵まれない子どもの中でも、この年齢層はとくに厳しい環境に置かれていた。自立への移行という名の下、不十分な教育、不十分な職業訓練のまま世に出され、まともに稼げない職に就くしかなく、貧困から抜け出す目処のまったくない状況に彼らはあった。そんな青少年らをサポートする「若者の家」のコンセプトが固まった。あとは開設するのみだ。

そのころ、私にはこうした青少年らの学校教育、職業訓練、よく食べ、よく眠り、他者を発見し自分自身をも発見する、そうした生活にどれほどのお金がかかるのかは、よくわかっていなかった。きっと大学に通う年ごろの子どものいる人には、明白なことだったのだろうが。

しかし、このアイデアを資金不足という理由で諦めたくはなかった。それでは人は夢を見ることすらできなくなってしまう。

14. なぜ「国境なき子どもたち（KnK）」を？

私が活動について人びとに話をするたびに、決まって「なぜ国境なき子どもたち（KnK）という新しい団体を日本で作ろうと思ったのか」と聞かれたものだった。

私の祖国フランスでは、三人集まれば新しい非営利団体を立ち上げるもの、としばしば言われている。一人が会長を務め、もう一人が専務理事、そして残る一人が会計役となるのだ。スポーツのクラブだろうが、演劇のグループだろうが、映画や絵画、山歩き、種類を問わず、フランスではすぐに団体を立ち上げる。

非営利団体として組織すると、やろうとしている活動に継続性を持たせ、賛同してくれる仲間を募り、資金や資材などの補助を受けやすくなるほか、グループに法的な枠組みを与えることで活動の参加者、主催者の双方を法的にも意識的にも守る保険をかけることが可能になる。いずれの場合も、団体の設立とは、一つの情熱、意欲、あるいは複数の人が共有するなんらかの必要性を出発点とするものだ。

同時に、私の祖国でも日本と同様に、非営利団体というものは設立から2、3年もすれば尻すぼみになってしまいがちともよく言われている。そもそも設立そのものに無理があったり、あるいは資金繰りに行き詰まったりするケースが多い。

だが、こうしたチャレンジは、人生のひとときの全エネルギーを投入するに値するものであるし、また、それによって得られる満足感はその苦労を補って余りあると私は考えている。本書を手に取った人が、自分もそうしたチャレンジをしてみようと考えるなら、私がこの文章を書いている時間は無駄ではなかったと言えるだろう。

私には、国境なき医師団（ＭＳＦ）を日本で根づかせるのに10年の歳月がかかった。そしてＫｎＫという新団体を軌道に乗せるまでには、さらに長い月日が必要だった。

１９９５年に「子どもレポーター」企画を開始し、日本の青少年が海外の開発途上国で恵まれない環境にある子どもたちと相互理解を進める機会を提供してきた。

このように、活動の内容は具体的かつ充実していたので、１９９７年のＫｎＫ設立に際しては、この教育的プロジェクトを組織化するために定款やロゴマークなどを定め、非営利団体としての枠組みを作ることに専心できた。

こうして１９９７年の終わりごろにはこの新団体を日本の法律に基づいたＮＰＯ法人（特定非営利活動法人）とするべく手続きの準備を開始でき、それから3年後にはその認証を得ることができた。

２０００年9月には、カンボジアでの新プロジェクトを、次いで翌年にはベトナムとフィリピンでも新規の活動に着手した。これらの展開は、いずれもそれまでの活動の延長線上にあるものだった。

そして、２００２年に私は、職業人生において最大級の決断を下す。その決断は、あとになってからいっそうその重みを増し、また、その後の私の人生の行く末を根底から覆す種類のものであった。

ＭＳＦで働くようになって20年が過ぎていた。そのうち10年は日本での活動であった。

ＭＳＦ日本は成長の一途をたどっており、知名度や活動への評価、支援者数はうなぎのぼりだった。私はその事務局長兼専務理事として全力を尽くしていた。このまま二つの団体に関わりつつ、フォトジャーナリストを対象とした写真コンクールやビデオ映像資料の作成、隅田川のほとりで暮らす野宿者たちへのサポートなどをより充実させつつ、さらに多岐にわたる活動を展開し続けていくこともできたはずだった。

しかし、私はＭＳＦ日本の職を辞す決心をした。

当時ちょうど50歳になったばかりであった。私が去ろうとしていた団体は、対象者数万人という規模で医療援助を行なう組織だった。その団体は意思決定の面でも資金面で非常に高い独立性を誇り、各種の国連機関からその働きぶりを認められ、ノーベル平和賞まで受賞した組織だった。

日本において私は、その団体の名の下に国中を駆け回り、数え切れないほどの取材やインタビューを受け、こなした講演会も数知れない。私は巨大な非営利団体の名を背負う身であり、同時に、その医療援助を必要とする無数の危機に瀕した人びと、とてつもない苦境の中で命を落としかねない状況にある世界各地の人びとの声を代弁する立場にあった。

そのような日々を過ごす中で、ＫｎＫが東南アジアの一角で開始した小さなプロジェクトが、私に非常に大きな喜びを与えてくれていることに気がついたのだ。その対象者は数万人といった規模ではなく、ほんの数十人の青少年たちだった。一人ひとりの顔と名前が一致し、彼らも私の名前を知っていてくれる、そんなプロジェクトだった。そこに、私が遠い昔、まだ若いころに務めていた職業に通じるものを見出したのだった。

20歳のころ、私は路上で若者に接するエデュケーターを務めていた。

それ以前にすでに、生まれ育った界隈の青少年らが集うクラブ活動などに数年にわたり参加しており、その代表を務めるまでになっていたのだが、今になって振り返ると、その生温さから抜け出してよりスリルある経験をしたいという思いもあり、また、恐らく自分がさらに成長できる場を求めていたようにも思える。

私が育ったのはパリでも裕福な家庭の多い地域で、よい高校を経て市内16区にある良い大学に進学していたが、そんな中で私はあまり治安の良くない地域で「路上エデュケーター」を務めるソーシャルワーカーらのチームに参加することにしたのだった。活動地域は、いわゆる不良というべき青少年がたむろするような場所で、縄張り争いや単に生き延びるために、不法行為も辞さないという人が暮らす地域だった。

私が参加したチームを率いていたのは、バイクであちこちを駆け回る聖職者だった。当時、貧困地域で恵まれない人びとのために尽力する聖職者は少なくなかった。

我々の仕事は、パリの郊外に近い地域でグループごとにたむろし「不法行為をしかねない」と見なされていた青少年たちの傍らに、ただ寄り添うだけであった。

「寄り添う」とは、すなわち彼らの話を聞き、語り合い、不法行為は認めないが彼らの存在そのものを認めることで、これらの青少年たちとまともに言葉を交わせる最後の大人となりうることをも意味していた。彼らを裏切らないこと。彼らが必要とするときに応えること。理解しようと努めること。青少年らをあるがままに受け入れること。そして彼らを待ち構える過酷な運命の道筋を少しでも和らげられるよう努めること。それは研ぎ澄まされたバランス感覚を必要とする仕事だった。この仕事を理論で語ることは私にはできない。それを教えてくれる書籍にも出会ったことがない。私はただ、自分の直感と感性のみを手がかりにこの仕事を務めた。

私が担当したのは二つのグループで、一つは14歳から17歳前後の青少年らのグループで、彼らはポルト・ド・クリニャンクール付近を縄張りとしていた、もう一つはより年少の12歳から14歳ほどの子どもらによるグループで、「サン・タンジュ（聖天使）」という名前の路地にたむろしていたが、「天使」と呼べそうな子は一人もいなかった。

私は、自分自身が彼らになじむよう不良っぽい態度を取ることはしなかった。私自身が彼らをあるがままに受け入れる必要があるのだから、彼らもまた私のありのままを受け入れるべきだと考えたのだ。私は自分のバイクを持ち、普通の大学生と同じような服装をし、アルバイトをして小遣いを稼ぐ一人の学生だった。このように私は彼らとは大きく異なる若者だったが、それは彼らと一緒に時間を過ごすにあたって弊害とはならなかった。

リーダーである聖職者は私にこう言った。「最初は、彼らは君が誰なのかわからない。私服警官か、ナンパ目的のゲイか、あるいは聖職者かと思われることだろう。そのうち、君が私のチームの一員だと言うことが知れ渡り、その時点で、君が受け入れられるかどうかは彼らが決めるんだ。幸運を祈るよ」

こうして私は担当の地域を歩き回ることから始めた。その界隈の飲み屋を一つひとつ回り、数え切れないほどのコーヒーを飲み、ピンボールマシンで遊び続けた。すると、そんな私に興味を抱いた彼らが声をかけてくる。そこからは話は早かった。私は彼らに受け入れられたらしい。以来、グループの一人の身柄を引き受けに警察署へ行く日もあれば、彼らに自分のバイクを盗まれる日もあった。我々はたくさんの時間をともに過ごし、ともに成長したのだった。

私の人生において、この仕事をした3年間ほど多くを学んだ日々はない。つねに相手に向き合うこと、理解しようと努めること、人びとをありのままに受け入れること、互いの違いを認め合うこと、自分の価値観だけで相手を判断しないことなどを、身をもって学んだ3年間だった。

それから30年後、私は東京にいた。

私はもう、パリの治安の悪い街角で浮浪児や不法行為に手を染めた青少年、社会から阻害された若者らと対峙する年齢ではなかった。だが今の私には、自分で設立した非営利団体を通じて、恵まれない環境にある青少年らが学校へ通い、職業訓練の機会を得て、尊厳ある暮らしができるよう手助けすることはできる。ベトナム人少年フォンは、私と出会うのが運命だったのだ。そして私の運命は、彼のような子どもたちのために「家」を設け、彼らが苦境から抜け出し、一人の子どもとして成長する時間を持てるよう全力を尽くすことだったのだ、と私は考えている。

50歳にして新たなスタートを切れた私は幸運だった。それも、ゼロからのスタートではない。愛する国で、心から信頼できる友人らとのスタートだった。彼らのうちの数名は、私とともにこの小さな非営利団体での活動に専心すべく、自らの仕事を辞めてのスタートだった。彼らこそがＫｎＫの真の設立者だと言えよう。

15. 共に成長するために

国境なき子どもたち（ＫｎＫ）が最初に施設運営に乗り出したのは２０００年9月、カンボジアのバッタンバンでのことだ。14歳から17歳の男子十数名を受け入れての船出だった。まもなく２００１年1月には二つ目の施設がベトナムのホーチミンシティに開設した。その後、２００１年2月に女子のための施設がバッタンバンに設けられ、同年末にはフィリピンのマニラ首都圏でも施設開設に至った。

これらの施設「若者の家」のコンセプトはごくシンプルなものである。

私はＭＳＦの仕事をしていた当時、その海外活動地を何度となく視察に訪れたが、その際にストリートチルドレンなどをサポートする現地団体の活動に触れる機会が度々あった。それらの現地団体が施設に受け入れるのは決まって幼少の子どもたちが最優先であり、大きくても12、13歳までの子に限られていることがほとんどだった。いずれも路上で生活していた子や、極貧家庭の子どもたち、孤児、捨て子で、たいていは男女が同じ施設で暮らしていた。

そうした施設の存在を知るにつれ、私の頭にはいくつもの疑問が浮かんだ。なぜより年長の子どもを受け入れないのだろう。年長の子どものための施設というのもあるのだろうか。なぜ、子どもらは一刻も早く職業訓練を受けるよう促され、なおかつ、なぜその訓練で得られる職はごく限られているのか。そして何よりも、こうした年少の子どものための施設を卒業した子どもは、その後どうなるのだろうか。

これらの質問の大半は、答えがすぐに見つかった。

路上生活という状況においては、年少であるほど弱者であることは間違いなく、ゆえに年少者から優先的にサポートする必要がある。また、一つの施設内で幅広い年齢層の子どもを受け入れるのは困難である。5歳児と15歳の子では必要とするサポートが異なり、施設内のルールも変わってくる。各種の問題への対処方法も大きく異なるだろう。

また、それ以前に、幼い子どものサポートのために資金を調達するのは比較的たやすい。寄付者に必要性をアピールしやすいし、小さい子どものほうが支援しなくてはという気持ちをかきたてやすい。

これに対し年長の子どもは、自分で何とかできるはず、何らかの仕事をして食べていかれるだろうと思われがちである。

また、これはあとになって理解したことであるが、年長の子どものサポートは、教育面でも衣食住の面でも保護の面でも、年少者よりずっと複雑なのだ。

年長の子どもらは、人生において多くの自問自答をする時期にある。将来のこと、家族のこと、自分の身体や性への関心、そして過去のつらい記憶についても。

つらい路上生活を経てきた子は、将来というものに考えを巡らすのが苦手な子が少なくない。これまで接してきた大人たちには裏切られ、屈辱を与えられ、時にはその犠牲になってきたというのに、今から出会う大人たちにどうやって信頼を抱けというのか。

孤児院や受け入れ施設に年少時に引き取られていた子どもらにとっては、施設での数年間は過去を忘れ去るか、少なくともその記憶を薄めることには役立っただろう。けれども、たかだか14、15歳の少年少女は社会人として独り立ちできる年齢だろうか。

私の答えは、否、だった。

ゆえに、カンボジア、ベトナム、フィリピンのＫｎＫの「家」では、年長の子ども、主に14歳以上の、既存の施設を卒業しなくてはならなくなった子どもらを対象とすることが第一のルールとして決まった。

これらの「家」で、子どもらはその青少年期を、時間をかけて過ごすことができ、将来の進路について考える時間を得て、日々成長することができる。

カンボジア、バッタンバンに作られた第一号の「若者の家」では、まずは現地の孤児院「ホームランド」に引き取られていた少年少女を受け入れることから始まった。この「ホームランド」は、ＫｎＫがそれ以前から資金援助をしていた施設である。

受け入れる青少年の幅はすぐに広がりをみせた。それまで過ごした施設を限定することなく、また、そこに至るまでの生活状況がいかに厳しかったかを基準とはせずに、我々のサポートを必要とすると判断された青少年が順次受け入れられていった。どの子も貧困の中に生まれ、子どもには過酷すぎる生活を送ってきた、いわゆる「恵まれない」青少年には違いなかった。

もちろん、施設を運営するうえで、対象とする青少年の条件を設けることは必須である。それなしには支援者に寄付を募ることは難しいだろう。だが、我々にサポートできる人生があるならば手を差し伸べたい。その思いから、受け入れ条件を柔軟に捉えることを私は主張してきた。

法律やルールは明文化されるものだ。そして、法やルールは破るために定められるわけではもちろんない。しかし、私の生まれた国には、その法を定めるに至った根本の精神を重視せよ、という考え方がある。だが、法曹関係者や警察官、あるいはエデュケーターのような職に就いている者の中にも、こうした視点に欠ける者が残念ながら存在するのも事実である。

とある刑務所で出会った一人の少年のことを、私は生涯忘れないだろう。13歳だと説明されたが、私には11歳か12歳にしか見えなかった（この差は実のところ重大である。なぜならばその国では12歳以下の子どもを収監するのは不法だったからだ）。

私は彼になぜ刑務所に入れられたのかを尋ねてみた。すると彼は、「レイプ」と答えた。なぜレイプの被害者が刑務所に、と思いきや、彼はレイプ犯なのだと説明を受けた。私にはそれが真実とはとうてい思えなかった。この、まだ声変わりもしていない、身長１２０センチほどのあどけない少年が、そのような罪を犯したとはとても考えられなかった。

その国の法律はアメリカのものをモデルとして制定されている。それによればレイプとは相手の意思に反して自分の体の一部を他人の体に挿入すること、と定義づけられている。

この少年は、友だちの寝室でちょっとした言い争いから取っ組み合いを経て、互いの体を触っていたところをその子の両親に見つかった。そしてその「被害者」の両親は警察を呼び、息子には「無理強いされた」と証言をさせたのだそうだ。

そして彼らはこの少年の親に慰謝料を請求したのだという。

しかし、話はそこで留まらなかった。この「犯人」はかれこれ3カ月、判決を待っていた。この国ではほんの数年前までレイプは死刑が求刑されうる犯罪だった。彼のケースも例外ではない。

法はレイプ犯罪を罰する。だが、子ども同士の遊びとの線引きは明確ではない。

数週間後、この少年の判決が下される際に、私は傍聴することができた。家庭裁判所の女性裁判官はこのケースについて、私の意見に近い判決を下し、少年はまもなく家族のもとへ帰ることができた。

家に戻るまでの4カ月間、少年は地獄のような日々を送った。子どもの遊びの延長線上にあるものとしては、あまりにも重い出来事だった。

ＫｎＫの「家」では、ルールは柔軟に適用された。そして、それはこれらの施設の特長ともなった。「家」には路上生活をしていた子やスラムに暮らしていた子、極貧家庭の子、あるいは人身売買の被害に遭いタイなどから送還されてきた子などが受け入れられたが、結果として地域社会の一員として卒業していく子が大半であった。これらの若者たちは、「元ストリートチルドレン」、「かつて刑務所にいた子」などのレッテルなしに羽ばたいていったのである。

ＫｎＫの施設での第二のルール、それは学校への通学を徹底することだった。

こうして、青少年らは14歳にして10歳ほどの子どもと席を並べて勉強することになった。彼らにとってはたやすいことではなかったが、教師らの理解と熱意が彼らを支えてくれた。最初は恥ずかしがっていた子も、やがて勉強への好奇心が勝るようになり、また、人はみなあるがままの姿を受け入れるしかないのだと理解していった（いつの日か、自死を選ぶ日本の子どもの話をしたい）。

たいていの人は、学校とは読み書き、計算や地理などを勉強するところだと考えているだろう。もちろん、学校はこうした科目を修める場でもある。しかし、それ以前に、学校とは仲間と一緒に過ごしながら社会性、社交性を身につける場なのだ。この理由から、KnKの施設では、たとえ数週間あるいは数日といった短い期間でも、学校へ通うことがルールとなっている。

学校で子どもらは他者と出会い、相手を尊重し、自分をもまた尊重することを学ぶ。彼らは朝決まった時間に起き、顔を洗って制服に着替え、学校まで自転車をこぐ。そして食事の時間になったら「家」へ戻ってくる。

バッタンバンへ視察に行ったある日、私は「若者の家」の青少年らが通う小学校を訪ねた。バッタンバンの小学校に外国人が来たというだけで子どもらには大事件だ。私は校長に挨拶し謝意を伝えたあと、「家」の子どもらが在籍するクラスを訪ねて回った。廊下を移動する度に大勢の生徒の好奇心に満ちた視線をほうぼうから感じた。

「家」の子どもらは嬉しさと気恥ずかしさで顔を真っ赤にしている子が多かった。

終業時間に合わせて私も学校を出た。十数名で一緒に「若者の家」へ戻る道すがら、リッティが隣を歩きながら、学校を続けてもいいかと尋ねてきた。リッティは当時15歳。15年間、苦労続きの人生を送ってきた少年だ。

もちろん、と私は答えた。

――来年も続けたいんだけど。

――もちろん。

――もしできたら、上の学校へ行きたいんだ。3年後くらいになりそうだけど。

――もちろん。

当時15歳だったリッティ、貧困生活の辛酸を舐め尽くした筋金入りの路上生活経験者で、そこらへんの大人よりよっぽど大人びていた彼が、私の手を取って歩いた。学校から家へ帰る道を、仲間が見ているのも気に留めず、私と手をつないで歩く彼の心情を思い、胸が熱くなった。

16. トラフィックト・チルドレン

複数の国、とりわけ東南アジアの複数国をまたぐ商売のうち、とくに稼ぎのよいものが二つある。一つは子どもの売り買い、もう一つは女性の売り買いだ。

「売り買い」という言葉は暴力的に響くかもしれないが、これは、人間が商品として売ったり買ったりされている現実を端的に表す語だ。

ここでは、国境なき子どもたち（ＫｎＫ）が長く苦しい活動をしてきたカンボジア・タイ間の子どもの売買について語りたい。

そもそも人身売買は、アジアのほかの国やアジア以外の地域でもみられる社会問題だ。東南アジアでは、タイ、カンボジア、ラオス、ベトナム、ミャンマー、そして中国南部にみられるという。また、中国と北朝鮮（朝鮮民主主義人民共和国）間、あるいはインドネシア、マレーシア、フィリピンにまたがっての事例も報告されているほか、東欧とＥＵ諸国の間や、アフリカでもそうした例はある。

このように世界各地で、子どもや女性が、売春、強制結婚、奴隷あるいは強制労働、少年兵とさせられるなど、さまざまな目的で売り買いされているのだ。

プノンペンやホーチミンシティの街中で見かける物乞いや物売りの子どもらの大半は、自発的にそれらの行動を起こしているわけではない。それは、アルバイトのような仕事でもない。そして、家計を助けるために自ら立ち上がっての行動でもない。

彼らの多くには、「ボス」とでもいうべき大人が後ろについていて、日々の稼ぎを巻き上げられ、稼ぎが悪ければ殴られるという生活を送っている。

その客層は主に観光客だが、こうした物乞いや物売りをしているからといって、彼らは軽んぜられたり、あるいは説教をされたりするべき存在ではないのだ。

KnKの「若者の家」には、バッタンバンでの開設後まもなくから「トラフィックト・チルドレン」（人身売買の被害に遭った子どもたち）が国際移住機関（IOM）によって送られてくるようになった。

IOMはジュネーブに本部を置く国際機関で、国連と同様に第2次世界大戦の直後に設立され、その名が表す通り、世界的な人びとの移動（移住）の問題を扱う専門機関である。対象は主に戦争や内乱、大規模自然災害による難民、強制避難民らであり、人身売買の被害者もこれに含まれる。

そもそも年長の青少年を対象とした施設が少ないのに加え、人身売買の被害者というきわめて難しいケースの青少年を受け入れる組織は、非常に限られている。

人が売り買いされる背景には、多くの場合、貧困がある。極貧家庭では、親が子を売るという例も珍しくない。また、国境を管理する警官や兵士が自ら人身売買に関与していることもある。そして、人を売るためには、何よりも買い手の存在が不可欠だ。買い手としては観光客だけでなく、金さえ儲かれば不法な行為も辞さない現地の人びとや、安価な労働力を求める人びとなどがこれにあたる。

タイ国境に位置するカンボジアの都市ポイペトは、しばしばその舞台となる。近年急速な拡大をみせたこの町は人身売買の拠点であり、また、タイで禁じられているカジノや賭博場がひしめき合う不気味な町である。そこは、不法なことなら何でも許される無法地帯のような様相を呈している。

この町から毎日数千人もの人びとがタイへ渡り、日中をタイ側の町アランヤプラテートの市場で働いて過ごす。国境を渡る人の流れは一日中絶えることがないが、朝晩の門が開閉される時間帯は文字通り人が押し寄せている。

一人の少女の話をしたい。ここでは仮にソムナと呼ぼう。

ソムナは12歳、可愛らしい愛嬌のある子だ。母親と二人の弟と一緒に暮らしている。父親は数年前に家を出たきりだという。

彼女は、ポイペト近郊の人口数百人程度の貧しい村に住んでいる。母親は農作業をし、作物をポイペトの市場で売って暮らしている。ソムナはしばしば母親とともに市場へ手伝いに来ていた。村にも学校はあったが教師は不在だったし、学校に行くことがとくに重要とも思えなかった。

ある日、ソムナの家を一人の女性が訪れる。身なりのよいその女性はとても親切そうに見えた。そして、市場で母親を手伝うソムナをよく見かけ、なんて可愛らしくまた賢そうな子かしらと思っていたのよ、と言う。そして、隣国タイに裕福な知り合いがいてソムナの面倒を見てあげたいと言っている、そこへ行けば家事の手伝いをしながら学校へ行けるし、学校で勉強するのはとても大切なことなのよ、と彼女は語った。それに、家事の手伝いでお小遣いを稼いだら、実家のお母さんに仕送りすることだってできるわよ。

この魅力的な話とともに、女性は50ドルという大金を提示した。あなたが稼ぐお小遣いの一部をお母さんに前払いしておくわ、と。

こうして、母親はそれと自覚のないまま、自分の娘を「売った」のだった。

数年も経ったあとにソムナは、母は弱い人間ではあったが犯罪者ではないと理解することができた。しかし、親と引き離されていた間じゅう、彼女は周囲の大人からお前は母親に売られたんだ、母親はお前を厄介払いしたくて手放したんだ、と言い聞かされていた。

国境を渡って以降、親との連絡はまったく途絶えた。

あの親切そうな女性も姿を消した。彼女はその役割を終えたのだ。金と引き換えに次の所有者に少女を渡した女は、また新たな獲物を探しに行ったのだろう。

ここから少女の地獄の日々が始まる。

次々と新たな所有者の手に渡り、国中のあちこちに連れまわされた。少女が金になる場所ならどこでも。その多くはパタヤ、プーケット、バンコクの歓楽街だった。

あなたが観光地で見た、赤ん坊を抱いた物乞い少女がソムナだったかもしれないし、レストランのテラス席であなたに花を売りに来たのがソムナだったかもしれないし、街の怪しげなバーでガラス越しに目が合ったのがソムナだったかもしれない。

バンコクには、ワット・ポー寺院の敷地内に有名なマッサージの学校と店がある。そこでマッサージしてくれるのはプロの人か見習い中の研修生だ。だが、そのほかの多くの「マッサージ店」で働くのはソムナのような少女たちだ。そして、自らの意思でその仕事を選んだ少女はほとんどいない。

そして、ある日ソムナは逃げ出すチャンスを見つけるか、あるいは補導される。祖国との国境まで送り返されはしたが、母親の行方はわからないままだった。

国境付近には、このようにタイ各地から送還されてくる少年少女を受け入れる施設がいくつかある。

そこで彼らは学校へ行き、職業を身につけ、仲間とともに暮らし、家族の行方を捜すなどしながら生活する。彼らが前向きに日々を送れるようになるには時間がかかるケースも少なくない。

バッタンバンの2棟のＫｎＫ「若者の家」で暮らす50名ほどの少年少女のうち、その半数近くはこのような人身売買を経験した子どもらだ。

バッタンバンの「若者の家」に来てもどの子がソムナなのか、あなたは見分けがつかないだろう。なぜなら彼女はほかの子と何の変わりもない一人の少女だからだ。

17. マニラの刑務所

私の刑務所初体験は、フィリピンでのことだった。

今では堂々と語ることができる。なぜなら、これらの未成年向け刑務所は、数年前にアロヨ大統領（当時）によって閉鎖されたからである。

エチオピアのコレム難民キャンプも地獄のようだと思ったものだったが、これらの未成年向け刑務所についても、地獄という以外に表現のしようがない。

エチオピア、コレムの地獄は、だだっぴろい土地に数千の人が密集して、ただ死を待っていた。その原因は干ばつによる飢饉という自然災害だと、少なくとも当時我々はそう信じていた。そして状況を改善しようと世界中の人びとから善意が寄せられていた。

それに引き換え刑務所とは、人の意思、社会の意思によってその設置が決定され、建設され、運営されるものだ。その必要性について問うつもりはない。ただ、受刑者が非人間的な扱いを受けていないかどうかを私は問うている。

首都マニラの都市部の刑務所を私は複数訪れた。首都マニラは、複数の自治体からなる首都圏である。多くの政府機関がオフィスを置くケソン地域、「イントラムロス」として知られる旧市街のマニラ地域、歓楽街があるマラテ、金融の中心地マカティのほかに、国境なき子どもたち（ＫｎＫ）のようなＮＧＯが活発に活動を展開するカラオカン、ナボタス、マラボンといった地域がある。

繁栄を享受するいくつかの地区を除けば、マニラ首都圏は巨大なスラムと考えることもできる。観光客やビジネスマンらが商業地区やオフィス街、そして歴史的建造物のある旧市街から外に出ることはあまりない。90年代のバンコクを思わせる交通量の多さは、アジアの大都市でも随一と言えるだろう。街中を移動するのに、地元の一般的な交通手段ジープニーで2、3時間かかることも珍しくない。

KnKが活動するナボタス、カラオカン、マラボン、バゴンシーラン、パヤタスの各地区は、いずれも中心部から遠く離れている。人口1000万人を抱えるこの巨大都市で、KnKのスタッフは日々、数時間を交通渋滞の中で過ごしている。

M刑務所は、無数の屋台やありとあらゆる車両、ぼろをまとった幼子たちでごった返す路地の入り組んだ地域に位置する。「訪問者」用の入り口は警備員室に直結し、訪問者はそこで身分証と荷物のチェックを受け、携帯電話を預ける。腕に刑務所のスタンプを押してもらうことで、数時間後にそこから出ることが可能になる。

そして、目の前の扉を開くと、まるでスラムのような光景が広がっている。

そこは不吉な思いにさせる空間だ。数十、数百の収監者がいくつもの監房にぎゅうぎゅうに押し込められているのが見える。商売らしきことをしている人もそこかしこにいる。歯磨き粉売り、果物売り、あるいは散髪屋などだ。都市のど真ん中にありながら、そこは悲惨を極める小さな村だった。

「幸運」にも、この刑務所では未成年者と成年者は別々に収監されている。軽機関銃を提げた警備員につき添われ小さな中庭を通り抜けると、50人ほどの男子が我々を待っている。

ＫｎＫが活動するほかの刑務所と同様に、ここでも彼らは我々の訪問を待っているのだ。

２００６年に各刑務所の未成年受刑者らは新しく建てられた専用の収容所に移送されたが、それまでＫｎＫは面会可能日だった毎週月曜に、３カ所の刑務所に通い続けた。三つのチームに分かれたエデュケーターとソーシャルワーカーたちは9時から16時の間、交代でゲームやロールプレイ、各種の情報提供、二者面談あるいはグループでの話し合いなどをして未成年受刑者らと一日を過ごした。

私が初めてM刑務所を訪れたのは、雨季のころだった。刑務所周辺の路地はことごとく水浸しになり､刑務所内もまた浸水していた。泥水が長靴の中に入らないよう祈りながら、深さ20センチほどの水を掻き分けるようにして進んだ。未成年者の監房がある中庭には壁沿いにバナナの葉で覆われた縁側のようなものがあり、少年たちは足がずぶ濡れにならないよう膝を抱えて座り込んでいた。

中庭の奥にある廃墟のような建物が監房だったが、そこには窓はなく、そしてやはりそこも浸水していた。中に入ると、少年らが古いダンボールや板切れ、プラスチックの箱などを使って床上50センチほどの高さに小屋のようなものをこしらえ、そこに3、4人ずつすし詰めになっているのが見えた。

シャワーを浴びたければ、外に出て雨に打たれるだけのことだった。壁の穴から向こう側を見ると、ゴミが山積みとなった空き地が見えた。そこはトイレでもあり、わずか1、2枚の板が泥まみれのゴミや汚物の上に立つことを可能にしていた。

中庭にはルルドの洞窟の模型が置かれ、聖母マリア像が無言で立っていた。

私はフィリピンの言葉、タガログ語はできない。けれども、世界中のどの子どもとも、すぐに意思疎通をすることができる。ジェスチャー、世界共通のいくつかの言葉、そして、しかめっ面や微笑などによってだ。私が子どもらを恐れる理由は何一つないし、彼らもまた私を恐れる理由は何もない。

一般にストリートチルドレンを拒絶したり、一掃したいと考えたりするのは、彼らを恐れるがゆえのことだろう。彼らは野良犬、あるいは狂犬のようにみなされている。たしかに彼らは時折、小さな野生動物のような行動を取ることはある。狂犬のように振る舞うこともある。だがそれは自分の身を守るため、生き延びるため、あるいは自分の存在を示すためなのだ。

私は野犬は怖くないが、噛まれないように注意はしている。

刑務所に収監されている子は、ほぼ例外なく入れ墨をしている。若者らしいいたずら心で、愛する人や愛してくれた人の名を刻んだり、あるいは所属する非行グループ名などを彫っていることが多い。「スプートニク」というグループ名を背負って「スコーピオン」が仕切る監房へ入るのは、なかなか勇気のいることらしい。

C刑務所の未成年収監者の数は60人から75人前後、その日の警察の仕事具合で推移する。30平米ほどの大きめの監房に全員で入れられていた（すなわち1平米に2人あるいは3人という、かなり快適な状況だ）。

壁沿いに並ぶ3段ベッドは、木の板と小さなカーテンで仕切られている。中を覗くと、寒さあるいは絶え難い暑さ、そして湿気を防ぐために板の内側に新聞紙が何重にも貼られ、その上から家族や帰りを待っているはずの恋人の写真などが留められていたりする。ごちゃごちゃの配線から灯りを引っ張ってきている。所持品はTシャツや短パンなど、3、4人分と思しきぼろぼろの衣類がわずかにあるばかりだ。

C刑務所で、一人の少年が私のほうへやってきた。14歳だという。その周囲を数人の仲間が取り巻いている（この密集した空間で人に取り巻かれないというのは至難の業だ）。「ぼくはゲイなんだ」彼は言う。「ぼくの彼氏のロベルトだよ」奥の寝床からロベルトと紹介された少年がにこりと笑いかけてくる。彼は私をびっくりさせるつもりだったのかもしれないが、私は驚かなかった。そして彼に、あとどれくらい刑務所にいなくてはならないのか、また、出所したら何をして生きていくつもりなのかを聞いてみた。刑務所での生活について尋ね、将来の夢についても聞いてみた。彼は自分の彼氏とのつきあいについても少し話してくれた。

あとで、私はこの少年のことをＫｎＫスタッフに話してみた。

この少年は自分がゲイだと称している。だが私には、彼は自分でそう信じ込んでいるだけのように思えた。もしかしたら生まれつきの、あるいは自分でそう選択したゲイなのかもしれないが、そうでない可能性もある。私の目には、彼は生き延びるために自分でゲイだと称することで、パートナーという立場の人に守ってもらおうとしているように映った。そしてゲイだと公言することで体面を保ち、「誰かに強制されているわけじゃない、ぼくの選択なんだ」と言って回っているように思えた。

この少年が刑務所を出るときには、自分の真の人生を取り戻し、新しい生活に踏み出すのを手助けしてやりたいと願った。15、16歳ほどの年齢で彼は自分が本当にゲイなのかを問い直し、新しい人生のチョイスをすることが可能なのか、それを見守ってやりたいと思った。

刑務所とは、「生きる」場所ではない。「生き延びる」場所だ。

我々が活動する刑務所ではどこでも、性的行為が見え隠れした。保守色の強いカトリック国であるフィリピン社会では、性に関する物事には蓋をすることが好まれる。刑務所は満員どころか過密状態で、未成年者が成人とともに収監されているところもある。閉鎖的な社会によく見られるように、ここでも欲望、友情、愛情そして悪意が煮詰まっている。

ＫｎＫがフィリピンでサポートする青少年らは、全員と言ってもいいだろう、性行為を経験しており、それは時には8歳、10歳、11歳といった年齢での出来事だったりする。ある者は自分の意思のもとに、そしてある者は無理強いされて。

N刑務所は、とりわけ過酷な状況にあった。あまりの過密状態ゆえにスペースが足りず、成人と未成年者は同じ監房に入れられていた。

夜になると年少者は床の上で膝を抱えた状態で寝る。スペースは絶望的に足りていなかったし、「ボス」と一緒に寝るくらいなら床のほうがマシと思う子が多いのだろう。過密状態ゆえに中庭もなく、そのため散歩や運動をすることもできない。C刑務所よりもずっと小さな監房の一つひとつに40～50人が押し込められている。日中のスケジュールはごく最小のものに限られていた。監房ごとに4時間おきの点呼、一日二度の食事は米飯に魚がわずかに添えられているのみだ。日曜の朝にはミサ。スポーツや文化教養的なアクティビティも一切なく、情報提供もない。年少の収監者にわずかに訪問者があるばかりだ。

この刑務所に、大人に交じって40人ほどの未成年者が収監されていた。最年少は13歳。彼らはみな、精気のない青白い顔をして、皮膚病を患い、栄養不足のためやせ細り、体のあちこちの傷は手当もされていなかった。

我々の刑務所訪問は、ＫｎＫの創設以来、フィリピンでの活動を指揮しているアグネスの提案により実現したものだった。私は収監者たちの目を覆わんばかりの生活状況、とくに未成年を取り巻く過酷な状況に言葉を失い、そして刑務所側が我々の訪問を許可したことにあらためて驚いた。刑務所側は、我々がすでにほかの2カ所の刑務所で活動しており、我々の目的が刑務所内の現状、人権や子どもの権利に反する事実を告発することではないと承知していたのだろう。

この最初の訪問時に、我々は未成年収監者のうち5名を監房から出し、入り口近くの小さな中庭でいくつか質問をすることを許可された。

刑務所の責任者にＫｎＫがこれらの未成年らを定期的に訪問することが可能か尋ねると、彼は即座にＯＫを出した。こうして翌週からN刑務所での活動が始まったのだった。

中庭で質問させてもらった5人の未成年者の1人に、私はバンダナをあげた。私は視察のときは常に首の周りにバンダナを巻いていた。たいていの青少年は、この小さな布切れを大層喜び、私は誰かに1枚あげる度に、用意してある新しい1枚を取り出して首に巻くのだった（ユニクロに感謝）。

それから4カ月後、あらためてマニラを訪れ「若者の家」へ視察に行くと、一人の少年が私の名を呼びながら飛びついてきた。私の腕を取り、私の首周りのバンダナを引っ張る。バンダナを外してその子に渡そうとしたら、アグネスがやってきて、彼はそのバンダナがほしいのではなくて、刑務所でのプレゼントにお礼を言っているのだと教えてくれた。微笑むその少年、マーヴィンは別人のようだった。よく食べよく寝て、よく日を浴びる子の顔色をしていた。

極限的につらい状況にあると、ほんのちょっとした行為が想像以上に大きな重みを帯びることがある。我々からすれば取るに足らない行為、ほんのわずかな時間でも気にかけてあげることや、いくつかの言葉が持ちうる重要性についてはすでに述べた。私はそのことを常に忘れずにいたい。

数カ月後、マーヴィンは精神科の施設で1年ほど過ごすことになり、私はそこへもしばしば彼に会いに行ったものだった（腕時計をお土産に。ＣＹＢＥＡＴに感謝）。

その後、彼はＫｎＫの「若者の家」で暮らすことになった。

マーヴィンは学校へ通い、幸せそうに見える。

けれども、彼の瞳には私を不安にさせるものがある。彼がいつか自分を見失ってしまうのではないか、「若者の家」からではなく自分の人生から逃げ出してしまうのではないか、そんな不安に駆られる。マーヴィンの瞳には、彼が経験した恐怖の爪あとが残っていて、それは誰にも消すことはできないのだ。

刑務所での活動は重たい。活動を続けながら、さまざまな相反する感情にとらわれることがしばしばだ。止めてしまおうかと思ったり、この不公平を前に泣き叫びたいような思いをしたり、状況を告発すれば活動を禁じられてこの現実を目にしなくて済むようになるのではないかと思うことすらある。またあるときは、活動をできるだけ息長く続け、見るべきでないものを目にしても、その場では沈黙を守りつつ、それと平行して、弁護士や青少年担当の裁判官、ソーシャルワーカー、エデュケーターらとともに働きかけることで、状況を少しずつ改善する努力ができるのではないか、と思い直したりする。

２００５年、ＫｎＫはこれら３カ所の刑務所から１０５名の青少年を出所させることができた。決められた刑期に不法に反してではなく、虚偽の告発で収監された子や、刑期が過ぎているのに収監されたままの子、ごく軽犯罪により収監された子などについて、その出所を認めるよう働きかけてきた結果だ。

数年にわたる当局への働きかけが功を奏し、アロヨ大統領（当時）は、成人と未成年の受刑者を合同で収監することを禁じ、未成年受刑者のための専用の再教育センターを設ける法令を敷いた。

現在、マニラ首都圏で法に抵触した未成年はみな、このセンターに受け入れられることになっている。そしてＫｎＫはナボタス、カラオカン、マラボンの各市の青少年収監者のケースをサポートし続けている。

18. 天使たちの墓場

マニラ首都圏の北部に位置するカラオカン市、その中心部に小さな墓地がある。そこには、乳幼児から14、15歳の子どもらが、埋葬された人びとの塊とともに住み着いている。

周辺の路地が人で溢れ、車やトラック、ジープニー、自転車タクシーなどでごった返しているのは、この街では珍しくもない光景だ。近くの交差点からはモニュメント地区やケソン市、あるいはマニラ湾沿いの船渠（ドック）へと移動することができる。

ここは貧しい人びとの多い地域ではあるが、マニラ首都圏の各所に見られるようなスラムではない。

屋内の市場があり、各種の商店、ジョリビー（フィリピンの大手ファーストフードチェーン）などがひしめき合っている。墓地は周囲を高い塀で囲われているが、乗り越えるか、あるいは潜り抜けて中に入ることのできる箇所が常にある。

墓地とは神聖かつ静かな場所で、通常は警察が立ち入ることもない。裕福と思しき家の墓は小さな霊廟の形を取っている。貧しい人たち用には、棺のサイズに間仕切られた棚が塀の高さに沿ってずらっと並んでいる。それは同時に、雨風や強い日光から身を守るのに適した場所でもある。

墓地に入り狭い通路や墓と墓の間を進む。地面にはゴミや汚物、ビニール袋などが散乱している。

初めは誰もいないかのような印象を受けるが、やがて十字架をよじ登る顔、こちらへ近づいてくる顔、聖母像のふもとで目を覚ました顔が目に入る。気がつくと我々は野生児のような子どもの集団に取り囲まれている。

一様にボロボロの服を着て、ひどく汚れた格好をしている。前日から一晩中吸っていたらしいクスリでろれつの回らない状態にあり、うつろな視線を投げかけてくる。あたかもB級ホラー映画を見ているかのようだ。けれどもその多くは微笑みを浮かべ、我々が誰なのかを認識する。我々に近寄り、アグネス、ジュンジュン、ドミニク、と我々の名を呼びながらハグをする子どもたち。接着剤の臭いをプンプンさせながら、我々の清潔なシャツを汚す子どもたち。我々は彼らのことが大好きなのだ。そして、この墓場の天使たちにハグを返す。

彼らが眠るのは霊廟の中か、墓石と弔いの像の間といった場所だ。あたかも生きている人間よりも死者のほうが自分たちを守ってくれるとでも思っているかのように。

棺用の棚も空きがあれば潜り込んで眠るのに最適だ。フェンスとフェンスの間に汚いビニールシートを張って、古いダンボールや新聞紙の上で寝ている子もいる。どこかで拾ったらしい残飯を小さな木炭ストーブで温めなおして食べる。犬も食べないようなものをこの子どもたちは食べていた。かっぱらいや物乞いが彼らの主な収入源だ。そうして5ペソも手に入れれば、路地裏の雑貨屋へ瓶入りの接着剤を買いに走る。家庭大工や割れた皿の修理に使う接着剤は、日用品として手軽に手に入る。だが、そこに含まれる有機溶剤を吸入するのは、非常に危険で有害なことだ。

子どもらは接着剤をビニール袋に垂らし、その中の空気を吸う。揮発性の高い物質が眠気やめまいを引き起こし、少しずつ中枢神経を侵していく。彼らの弁によれば「頭の中に小さな花火が上がる」のだという。

1本の瓶でビニール袋15個分ほど、すなわち15人ほどの子どもたちが3、4時間にわたり夢中になれる。その間、彼らは酔っ払いのように朦朧とした状態になる。すべてが曖昧になり、すべてを忘れることができる。心配事や嫌がらせ、暴力など家でのつらい記憶、すべてをだ。少年たちは少女らに近づくことができ、その逆もまたしかり。理性は吹き飛び、欲望だけが残る。より年少者は暴行を受けるが、周りの誰も何も言いはしない。なぜならみなが通ってきた道だからだ。それがここのルールであり、誰も文句は言わない。

クスリが切れるころになると、みな、吐いたりしてげっそりする子が多い。不快感が彼らを凶暴にし、狂犬のように噛みつく子もいる。そして、より大きな暴力沙汰に巻き込まれてしまう。

カルロスが片目を失ったのも、こうしたいきさつでのことだった。クスリの果てのいさかいから、相手は空き瓶を墓石に叩きつけて割るとカルロスへ殴りかかった。ほんの数秒の出来事だったとカルロスは言う。病院までどのように運ばれたのかはあまり語らなかった。恐らく、傷の手当は受けたが、人間的な扱いは受けなかったのだろう。殴ってきた相手がどうなったのか私は知らない。きっと無事だったのだろう。誰もがすぐにすべてを忘れ去る。みな、酩酊の旅に舞い戻るのに忙しいのだ。

12歳で隻眼となったカルロスは、私がこの本を書いている今日現在19歳で、それなりにやっている。国境なき子どもたち（ＫｎＫ）の施設「若者の家」にやってきてはそのうち姿を消す、学校へ行ってみてはまた辞める、その繰り返しだ。安定しているとは言い難い彼の生活だが、一つだけ継続できているのは、私にとってはそれが何よりも重要なことだが、それは彼が我々とつながりを持ち続けているということだ。折にふれて我々のもとに戻ってくる、それは彼がＫｎＫに信頼を寄せていることの証であり、いざというときには我々を頼れると彼が理解している証だ。私のデスクの上には彼が描いた小さな絵が飾ってある。色とりどりの、不安に駆られた子どものような絵だ。

我々が贈った義眼にはいまだに慣れないというが、カルロスには海賊のような、そんな愛嬌がある。

ＫｎＫのチームも、そして私自身も、夕方遅くに墓地へ足を踏み入れることは避けている。この時間帯は接着剤を吸って朦朧としている子が多く、我々が行っても誰なのか気づかれもしないからだ。

天使が夜には悪魔になる。通行人はみな、振り返ることなく、足早に去っていく。

我々が墓地を訪れるのは、多くて週に3回ほどだ。子どもを20人ほど乗せられるジープニーを定期的に1、2台レンタルして、彼らを海やプールへ連れて行ったり、あるいは大きな公園で遊んだり、運動したり、弁当を食べたりする時間を提供する。その度に、何人かの子はスタッフとともに「若者の家」へ来て、そこで暮らすことを選択する。「家」に着いたら、体を洗い、清潔な服に着替え、お腹いっぱいに食べる新しい生活が始まる。朝起きたら制服の白いシャツを着て学校へ行くのだ。これらの子どもたちにとっては、こうした一日一日がどれも小さな勝利ともいうべきものだ。

「家」を出て行く子もいるが、我々はそれを挫折とはみなしていない。ほんの少しあと戻りしただけだと考えている。この仕事には途方もない忍耐力が必要だ。

この仕事での成功とは何か。新たな人生に踏み出すことのできた数人の子ども、家族のもとへ戻った子、接着剤の吸入をすっぱり止めることのできた子、その一人ひとりが我々の成功だ。そして失敗を聞かれたなら、この街のつらい現実、すなわち、毎日のように子どもが家を追われ、迷い犬のように路上に掃きだされる、その現実を挙げたい。

この墓地で暮らす子どもらは、まさしく野犬そのものだ。血統書のない雑種の捨て犬のように自力で生き延びなければならない。拾った残飯を食べ、恥じることなくその場に汚物を垂れ流し、交尾すらも道端でする。噛みつくこともあるので、行き交う人を怖がらせる。犬のように自分の傷を癒すために集団を離れる。そして、犬のように通行人から石を投げられる。彼らを閉じ込める刑務所は、野犬の収容施設にそっくりだ。

ＫｎＫの施設で子どもたちが最初にやることは、入浴と着替えだ。たいていの子が、なんらかのケガや古い傷あと、皮膚のただれなどを訴えてくるようになる。ここに至るまで、彼らが頼ることができたのは自分自身のみだった。周囲の大人の視線には、恐怖や不信、怒り、そして軽蔑といったものしか見出せなかった。その瞳に映る自身の姿は、野生動物かゴミのようだった。彼らは誰の瞳の中にも存在していなかった。黙っていれば足蹴にされ、物を言えば排除される身だったのだ。

だが、ＫｎＫの「若者の家」では、彼らは少年の姿を取り戻すことができる。一人の人間に戻ることができる。体を洗い、鏡で自分をじっくりと見る。ここでは傷は手当される。より深い心の傷が閉じるまでには長い時間がかかるだろう。ここでは、少年は名前で呼ばれる。よく食べ、よく眠り、思い切り遊ぶ。仲間内で喧嘩をすることもある。出て行く子もいる。そして戻ってくる子もいる。学校へ通い、そこから逃げ出す子もいる。彼らは、我々が探しに行くのを待っている。そして、我々は何度でも探しに行く。

時には、リチャードのように永遠に姿を消してしまう子もいる。

だが、前を向いて成長していく子もいる。そして、そのほうが大多数だ。

私の友人で、その道の専門家（！）の女性がある日、私に言った。「この子たちが自立できるよう教育しなくてはいけないわね」それは提案ですらない、指令のように私には聞こえた。その道のプロが書いた本か、あるいは「児童保護」を謳う巨大組織の専門家によるレポートなどにそう書かれていたのだろう、いずれにせよ彼女にとってはそれは自明の理のようだった。

いや、それは違う、と私は答えた。彼らは自立している。自分で食べ物を見つけ、必要ならスリや物乞いをし、喧嘩で身を守ることも、傷つくことも知っている。クスリやセックスが与えてくれる悦びや不幸を知っている。彼らは自力で生き抜く術を知っているのだ。どれも道徳や法の規範からは外れているが、彼らは自立している。

むしろ彼らに教えなくてはならないのは、人に頼ってもいいという事実だ。食事を用意してもらい、傷の手当をしてもらうことができるということを知ってもらわなくてはならない。質問を投げかけ、答えを探すこと。大人の正当な指示には従うこと。他人を尊重すること。そして何よりも自分自身を大切にすること。それこそが彼らが学ばなくてはならないことだ。

子どもとは、両親や家族、教師らを頼って生きる存在である。そして自分というものを主張しながら大きくなっていく。思春期になれば選択をすること、理解しようとすること、許容と拒否、許し、そして忘れることを学んでいく。

教育という観点から見たとき、我々はともすれば、青少年が若き社会人の一歩手前にいるかのように、少しでも早く手に職をつけさせ一人立ちできるようにさせなければ、との思いに駆られがちである。

ＫｎＫの「若者の家」を開設したのは、こうした若者たちに時間を提供したかったからだ。彼らが得ることのできなかった子どもらしい時間、思春期らしい悩み事も含めた年齢にふさわしい時間を、駆け足ででも味わってもらいたいと考えたからだ。

「若者の家」で子どもらは日々成長し、若き社会人となるべく前へ進んでいく。やがて手に職をつけ、仕事を見つけ、結婚し、地域社会の一員となっていく。

このチョイスは簡単なものではなかった。青少年へのサポートというのは時間とエネルギーが膨大にかかる。家庭内で学ぶはずのことも親に代わって教えてやらなくてはならない。そして、青少年の支援というのは資金がかかる。おしゃれ心も出てくるし、識字教育や職業訓練にも費用がかかる。

「若者の家」の門には、「元ストリートチルドレンの施設」とは書かれていない。子どもらを見ても、どの子がスリをやっていて、どの子が売春をして生き延び、どの子が父親にひどく殴られていたのか、どの子がエイズで死ぬ母親を看取ったのか、見分けはつかないだろう。

そこにいるのは笑い転がる子どもたちだ。あなたの子どもと同じような悩み事を抱え、同じような質問をしてくる子どもたちだ。

彼らの心の傷を知るのは我々スタッフのみだが、我々は慈善や同情心で彼らに接しているのではない。そこにあるのは、尊敬と、少しばかりの愛情なのだ。

19. スモーキーマウンテン

刑務所と墓地を紹介しながら、マニラのスモーキーマウンテンに触れずにフィリピンの話を終えるのは、片手落ちというものだろう。

ここへ足を踏み入れるには相当の覚悟が必要で、できれば猛暑と雨の日は避けたい。最底辺の、奇妙なあるいは不気味とも言える場所、人間によって作り出されていながら、非現実的としか言いようのないこの場所を知るためには、相当な好奇心が必要だ。

人が暮らす町ならどこも、その生活のために必要なもの、すなわち水の備蓄や食料の流通、医療、高齢者のケア、教育システム、交通網などが整備される。行政の仕組みが出来次第、町はこれらの整備を行ない、市民の暮らしを可能なものにする。そのような中で、下水とゴミの処理は大きな課題だ。小さなコミュニティであればそれぞれがゴミを最小限にする努力をし、各自で燃やしたり埋めたりするなどの処理をすることが可能かもしれない。

だが、人口の増加とともに町は大きくなり、家庭でも事業所でもゴミの量を増すばかりだろう。その場合、決められた場所にゴミを出し、そこから定期的に回収、専用の車両で町外れに運ばれ、そこで焼却か埋め立てとなるのが一般的だ。

私はこうしたゴミの行く末に関心を持ったことはなかった。だがある日、集められたゴミによって生き延びるコミュニティというものがあり、いわゆるゴミ山の周りに人が住み着いたスラムがあるということを知るに至った。

マニラ首都圏の中心部から北東に延びる幹線道路を進み、ケソン・メモリアル・サークル公園を越えてしばらく行くと、右側にパヤタス地区が見えてくる。

その路地は、マニラ首都圏各所で見かけるものとは様相が異なる。大量のビニールシートや潰れた空き缶、あるいは空き瓶とガラス製品を山積みにした無数の小型トラックが行き交う。道端の商店では、いったい誰が買うのか見当もつかないような品々が売られている。

そこはいわば人間のアリ塚ともいうべき場所だった。朝早くに訪れたなら、ゴミを積んだダンプカーがひっきりなしにこの路地を通り抜けるのを見ることができるだろう。ダンプカーはここからマニラ首都圏最大のゴミ山へと向かう。

山の中腹から道を登りきると、ダンプカーは頂上で何度か向きを変え、荷台を傾けてゴミを下ろす。いや、この描写は正確ではない。ダンプカーがゴミ山の敷地に入るや否や、数十人もの子どもたちがこれに飛びつき、荷台のゴミを掻き分けるようにしてよじ登っていく。そしてダンプカーが頂上に着くと、さらに100人近い子どもが大人に交じって荷台から吐き出されるゴミに駆け寄るのだ。

荷台からゴミが下ろされる前によじ登るのに出遅れた子がいる。向きを変えるダンプカーにぶつかった子もいる。ゴム長靴を履いた子もいるが、大半はサンダル履きである。猛暑のため、みなTシャツに半ズボンといった格好だ。片手にずだ袋、片手にバールのようなものを持って、みな一様にゴミを掻き分けている。

プラスチック、ガラス、金属、銅、空き缶などそれぞれ目指す品が異なるようで、一心に探し集めている。こうして集めた品は、買い取り屋に売るのだ。中には「お宝」を探す者もいる。市場やレストランで捨てられたと思しき食べ物を発見する子どももよく見かける。体の一部が取れてなくなった人形を見つけた幼い少女もいる。

耐え難い暑さの中、ハエやアブ、蚊などがそこらじゅうを飛び回っている。有毒ガスがひどい臭いを発している。地面は滑りやすく、足元は膝まで埋まることもある。ガラスの破片、錆びた鉄くず、有刺鉄線などでケガをする危険性もある。ダンプカーの第一波は早朝に襲来し、午後にもう一度ある。

このゴミ山のふもとにあるパヤタスのスラムは、私が最後に訪れたときにはおよそ６０００人を抱える大所帯だった。その半数がゴミ山を仕事場としていた。大人ならば１日で5ドル、子どもでも1ドルほど稼ぐことが可能だという。１日の労働は10時間にも及ぶ。

90年代末、我々がパヤタスでの活動を始めるより以前のことだが、ある雨の日にこのゴミ山で地滑りがあったそうだ。これにより１５０人以上の人が命を落とした。その遺体の大半はまだ見つかっていないという。

それ以来、15歳以下の子どもはこのゴミ山で働くことは禁じられている。

今日現在ここスモーキーマウンテンは、特別な許可なしには頂上まで上がってみることはできなくなった。子どもたちが入り口でダンプカーに飛びつくのも禁じられている。ゴミの山深くに埋められた大きなチューブが、有毒ガスを排出させるとともに、ゴミが発酵して有毒化するのを防いでいる。ゴミ処理は（日本政府からの援助を受け）、適切に管理されている。

我々は、マニラ首都圏での「若者の家」第一号を２００１年に開設し、その数カ月後には刑務所での活動を開始した。次いで２００２年には、パヤタスの子どもたちのための施設チルドレンセンターが始動した。

パヤタスの各地区の責任者および対象となる家族と協議し、家族らの拒絶を回避するため、子どもたちがゴミ山で働くのを阻止するのではなく、働く時間を減らすという提案をした。

この協議は、注意深く進める必要があった。なぜならば、各家庭では子どもによるゴミ山での稼ぎが家計を支えており、労働時間が減ればその分、家庭の収入減に直結するからだ。したがって、子どもらが今、労働時間を減らして教育を受ければ、将来より良い仕事に就くことが可能となり、結果として家族にとってもプラスになるという点を粘り強く説明して回った。

じきに、一人また一人と子どもたちはチルドレンセンターで過ごすようになり、周囲の大人からも、過酷な労働と子どもらしく過ごす時間との共存を好意的に理解されるようになった。

これらの子どもたち、あるいは路上生活者や極貧状態にある人びとにとっては、今この瞬間をいかに生きるかがもっとも重要な問題であるという事実を、私は常に念頭に置くことにしている。いくばくかのお金をすぐに手に入れること、チャンスがあればとにかく食べること、なんらかの機会があれば即座に反応することなどが彼らの死活問題なのだ。

我々は、とかくストリートチルドレンや極貧の人びとの将来を思い描きたい気持ちになるが、彼らにとってはまず今この瞬間を生き延びなければ未来などない。今この空腹をいかに満たすか、今晩どこで寝るか、どうやって明日の朝を無事に迎えるか、そうしたさしあたっての問題を解決することが、彼らにとっては最重要課題なのだ。

このことさえ理解していれば目の前の子どもが目下必要としているサポートをまず提供し、次いで向こう数日に必要なものを整え、そのうえでようやくその先に思いを馳せることができるようになる。

目の前の子どもに今晩の夕食を招待したり、寝る場所や学校への通学などを提案したりしても、まずは断られるのが関の山だ。私は、今この場所で、彼が暮らすこの路上で食べられるものを渡し、その日はその場から去る。翌日、また彼に会いに行き、今度はとりあえず一晩寝られる場所を提案する。「ここから逃げ出したりしたら、もう次のチャンスはないからな」などと脅すのではなく、来たければおいで、というスタンスで提案する。厳しい路上生活を潜り抜けてきた子どもたちに援助の手を差し伸べるステップは、小刻みにしか進まない。

そしていつも忘れずにおくのは、わずかなひとときであっても彼らが安心して過ごす時間、彼らを尊重する人と過ごす時間は、その一瞬一瞬が成功の証だという事実だ。その積み重ねの果てに、ようやく未来を思い描くことができるのだから。

国境なき子どもたち（ＫｎＫ）のチルドレンセンターは、毎日午後にその門を開く。本来なら、子どもたちが学校から戻るはずの時間帯だ。センターで子どもらは友だちやスタッフとともに、さまざまなクラブ活動やゲーム、おやつの時間を過ごす。この活動を通じて、勉強したいという意欲、学校へ通いたいという意欲が子どもらに生まれることを目的としている。そして、仮にそれが叶わないとしても、ゴミ山で働く代わりに子どもらしい時間を過ごしてくれれば、それに越したことはない。

２０１３年、ＫｎＫはパヤタス地区の青少年のための施設建設用地を購入し、大きなミーティング室、ゲームや識字教育のための教室、小さな事務室、炊事場、シャワーとトイレからなる施設を建設した。ここで子どもらは体を洗い、清潔な服に着替え、友だちと会ったり、勉強したり、おしゃべりや歌、遊びの時間を楽しめるようになった。

スモーキーマウンテンは、この施設から２００メートルほどに位置する。西向きの風が吹くとゴミの臭いが漂うが、我々には気にならない。ここパヤタスで暮らす６０００の人びとと同様に。

感謝を込めて――ほほえみプロジェクト

２０１０年12月14日、東京ドームに2万人が集結した。歌手のＧＡＣＫＴや、韓流スターのペ・ヨンジュンらが出演するチャリティイベントが開催されたのだった。

このイベントによる募金から、国境なき子どもたち（ＫｎＫ）は総額２０００万円を超える寄付金をいただいた。「ほほえみプロジェクト」と称するこのチャリティ企画は、株式会社デジタルアドベンチャー（ＤＡＴＶ）が主催し、ＮＰＯ法人チャリティ・プラットフォームの協力のもと行なわれた。

バングラデシュの首都ダッカのストリートチルドレンのための施設「ほほえみドロップインセンター」の開設と、フィリピンの首都マニラのパヤタス地区のチルドレンセンター建設は、いずれもこの企画による寄付金で実現した。

20．２００４年12月27日、東京

14時、事務局でスタッフミーティングを開いた。といってもその当時、国境なき子どもたち（ＫｎＫ）のスタッフは４人だけだった。

前日からテレビでひっきりなしに伝えられる映像は、目を疑わんばかりにショッキングなものだった。だが、その時点で見せられていた映像は、被害の全貌から比べれば、ほんの一部に過ぎなかった。繰り返し流れるニュースによれば、これまでに我々が経験したことのない規模の災害が発生していることが報じられており、新しい情報が入るたびにその恐怖は増すばかりだった。

その前日、12月26日（日）の早朝、スマトラ沖で大地震が発生し※、大津波がインド洋沿岸を襲った。ニュースで届けられた映像は、この未曾有の大災害のわずかな一端を示すのみだった。なぜならば、20メートルにも上る津波を撮影し、そして生き延びてその映像を誰かに届けるということはほぼ不可能に近かったからだ。

報道によればこの日、インドネシアのスマトラ島の北を震源とした地震によって、津波が発生したとのことだった。我々が最初に目にしたのは、タイの南部プーケット島での映像だった。当地では多くの外国人観光客が年末の休暇を過ごしていたという。

その後、我々が何万回も見せられることになる映像は、津波が海岸から乗り上げ、木々や建物をなぎ倒していく様を映し出していた。どうやらホテルの客室から撮影されたもの

※スマトラ島沖大地震
２００４年12月26日、インドネシア西部、スマトラ島北西沖のインド洋でマグニチュード９・１という巨大地震が発生。地震により生じた大津波は、インドネシアのみならず、インド、スリランカ、タイ、マレーシア、モルディブなどインド洋全域から、マダガスカル、ソマリアなど東アフリカまで到達し、各地に甚大な被害をもたらした。

のようで、ひどくブレていた。ホテルのプールが波にのまれる。しかし、この波は我々が見慣れたものとは異なり、流れ込みはしても水が引くことがない。それどころか、水かさは増す一方で、その勢いは留まるところを知らない。ニュース解説のコメンテーターによれば、被害はさらに深刻だという。

これよりもさらに深刻な被害とは、どのような状況なのか。日曜日の時点では、その全貌は知る由もなかった。

27日（月）朝、起床と同時にテレビでニュースを確認する。大地震の発生から、ほぼ24時間が経過していた。インドネシアのスマトラ島で、アチェ州を中心に北部に甚大な被害があったことが伝えられていた。津波はタイ沿岸からインド洋の向こう側、スリランカやインドにも達していたことがわかった。インドの南に位置するモルディブ諸島も大きな被害を受け、アフリカのソマリアにまで津波は到達していたという。だが、月曜の昼前の段階では、まだ被害者は数千人規模と考えられていた。

この日は年内最後の出勤日で、スタッフは正月休みを前に、主に事務所の片づけなどをするつもりでいた。しかし、私は緊急でミーティングを招集した。4人きりの小さなオフィスだったが、この大災害を前に緊張が走った。

普通に考えれば、結論は出ていた。我々は行動を起こすべきではなかった。なぜなら、我々にできることは何もなかったからだ。まず、我々には資金がなかった。銀行口座には向こう3週間分の活動資金しか残っていなかった。海外の活動地で独自の援助事業を展開するようになって4年、ＫｎＫの資金繰りは順調ではなかった。その年の夏からすでに、私は資金の見通しが厳しいことを団体内で明らかにしてきていた。資金調達は思うように進まなかった。設立以来の最大の支援者だった国境なき医師団（ＭＳＦ）日本からのサポートも終了していた。

この年の11月、私は活動地カンボジアとフィリピンを訪れ、恵まれない青少年の受け入れ施設のうち２カ所を閉鎖し、スタッフも半数に離職してもらうという決定を下さなくてはならなかったほどだ。我々の援助事業はなかなかスポンサーの心を捕まえられず、募金活動や助成金獲得は非常に難しかった。ストリートチルドレンなど人身売買の被害に遭った子、刑務所暮らしの青少年といった話は、人の興味をあまり惹かないものなのだろう。

しかし、前日からひっきりなしに伝えられる津波被害のニュースに、我々は無関心ではいられなかった。私は時に本能に従って決定を下す。この地震と大津波の被害者のために何かしなくてはならない、と私の本能が告げていた。

私は考え続けた。いったい何ができるだろうか。なぜ我々は行動を起こさなくてはならないのか。そして、どのように活動することができるのだろうか。

我々にできることは即座には見えてこなかったが、何もせずにいることができないのは明らかだった。

そして14時、ミーティングの始まるころには一つの思いが確信へと変わっていた。

津波の被害を受けた地域の人口分布を見れば、被災者の半数は未成年であろうことが推察された。我々はアジアの恵まれない青少年を支援する団体として、アジアでこのような大災害が発生し、多くの子どもたちが危機的状況に置かれているという現実を前に、何もせず手をこまねいているということは許されないと考えたのだ。資金状況が苦しいのは事実だ。しかし、手元にあるわずかな資金を、被災した子どもたちと分かち合うことは、そのほかの活動地でも理解を得られるはずだと信じた。

この未曾有の災害に対し、まずアメリカが3500万ドル（当時再選されたばかりのアメリカ合衆国大統領の就任式にかかる費用と同規模と聞いた）という支援額を表明していたが、日本政府が5億ドル、EUも支援を表明するや、アメリカも支援額を上積みするなど、国際社会は続々と支援の手を挙げ始めていた。

震災と津波の発生から数日の段階で、すでにいくつもの国から救援のための艦艇やヘリコプター、大型輸送機、そして大規模な国際援助団体のチームがアチェを、プーケットを、スリランカを、インド南部を目指して出発していた。国際社会全体で表明された援助額は、天文学的な数字となった。

被災地の中でも、多数の外国人観光客が被災したプーケット島やスリランカには、いち早く国際救援の手が差し伸べられていた。また、震源地に近いインドネシアでも、大規模な救援活動が展開されつつあった。

月曜の午後には、日本で最小級の非営利団体ＫｎＫもまた、この甚大な自然災害の被災者のため行動を起こすことを決定した。

第一に、たとえ小規模の援助活動であっても、その対象となる幾人かの人びとには役立つものと考えたからだ。第二に、危機にさらされている青少年をサポートする、それは我々の仕事だからだ。そして第三には、我々自身が何かやらなくては、何かやりたいという強い意欲を持っていたからだ。意欲、それは私の人生において重要な原動力だ。この大災害を前に、無関心でいることはできなかった。

活動の内容は依然として固まらなかったが、それぞれ活動の是非について自問していたスタッフたちも、とにかく何かやるんだという覚悟を決めたようだった。

このとき私は、こうした緊急事態に即した活動の枠組みを定めた。この枠組みは、その後の２００５年※パキスタン北部大地震の被災地支援や、２００６年※ジャワ島中部地震の被災地支援でも変わらずに団体の方針となった。

その内容として、まず、活動対象を子ども・青少年とするという点が挙げられる。言わずもがなのようでもあるが、明文化するのは大切なことだ。子どもというカテゴリーには、幼児や若い母親らも含むものとする。そして、青少年というカテゴリーには青年、若者層も含むものとした。若者層は、一般的に幼い子どもと比べ、援助の優先順位が低いケースが少なくないが、我々はそれまでの活動経験から、若者層は自ら援助を求めて声を上げることが少ないだけで、彼らを取り巻く状況は充分に援助対象となりうる厳しいものであることが多いとわかっていた。

活動の対象人数は、小規模なものにすることに決まった。資金に限りがあったこともあるが、我々の従来の活動はカンボジア、ベトナム、フィリピンと、いずれも限られた人数でもきめ細かいサポートをすることに重点をおいてきたことが、その理由として挙げられる。援助対象となる青少年の顔と名前が一致する程度が我々の活動しやすい規模であり、数万人に物資を一点ずつ配って終わりというのではなく、一つの施設では20人程度の青少

※パキスタン北部大地震
２００５年10月８日、パキスタン北東部とインド北部にまたがるカシミール地方でマグニチュード７・６の地震が発生。パキスタン・インド両国で死者が７万人超に達するなどの被害が出た。

※ジャワ島西部地震
２００６年５月27日、インドネシアのジャワ島中部でマグニチュード６・３の地震が発生。死者・負傷者は４万人を超え、避難者は２３０万人にも及んだ。

年を受け入れ職業訓練を提供し、とあるスラム街では30人ほどを対象に識字教育を行なうなど、それぞれ家庭的な雰囲気のもとで、自立を目指したサポートを中長期的に行なうのが我々のスタイルだった。

また、現地のパートナー団体との連携も活動の枠組みの重要な点である。現地のＮＧＯや財団などの組織で、被災者のために動きたいという意欲をともにできるパートナーを探すことにした。何よりも現地の状況、ニーズを正確に把握するため、そして被災した子どもたちへアクセスするために、こうしたパートナー団体の存在は不可欠である。また、そうした組織自体も被災している場合もあることから、彼らの活動再開をサポートすることもかねてパートナーシップを結びたいと考えた。

最後に、活動時期についても枠組みを定めることにした。我々は「緊急援助団体」ではない。ＫｎＫの役割は、災害発生後いち早く現場入りし、２週間程度の緊急支援を行なうことではない。大規模な救援物資配給をする団体でもない。それらの活動は、その道のプロに任せるのが一番だ。巨大ＮＧＯや国連機関、各国政府などにはそうしたノウハウ、人材、資金が充分にあるが、我々はそのいずれも持ち合わせていない。我々にあるのは、自分たちの手足と被災者のために何かしたいという意思、意欲だけである。

それではいつ、開始すべきなのか。少なくとも今日明日ではない。現在は緊急救援のプロが必死に生存者を捜索したり、診療所などの活動拠点を定めたり、そのための現地パートナーを選定、交渉している段階だ。それを妨げるような行動は、無駄であり非効率的だ。そこで、我々は災害発生から10日前後経ってから活動を開始することに決めた。

それでは、一体どこで活動するのがよいだろうか。

ＫｎＫの援助事業の責任者、大竹綾子はその当時カンボジアにいた。人身売買の被害に遭った青少年らのサポートにあたっていたのだ。彼らの多くは、隣国タイへ労働力として売られたのだった。その労働とは、路上での物乞いやかっぱらい、ガムや花束などの物売りから、ひどいケースだと売春を強いられることもある。売られた先としては、タイ・カンボジア国境付近や大都市バンコクのほか、歓楽地として知られるパタヤ、そしてプーケットなどが知られていた。そこで我々は、プーケットから活動を開始することにした。

1月4日に私は日本を出発し、大竹と合流して、まずはプーケットでの被災地現地調査にあたった。

そのころ、東大の博士課程に在籍していた森田智は、その数カ月前にＪＩＣＡ関連の仕事でインドネシアのジャカルタへ行っており、現地でのネットワークを持っていた。それを起点として、現地パートナーを見つけることができれば、スマトラ島北部のアチェ州にも行かれるかもしれないと私は考えた。そのころ、アチェへのアクセスは非常に厳しく制限されていた。

森田は1月5日にジャカルタへ向けて出発した。私はタイでの現地調査のあと、1月10日にジャカルタ入りした。スマトラ島の主要都市メダンで数多くのミーティングのあと、森田とともにアチェへ向かった。アチェでの2日間の現地調査を終えると、私はバンコクへ戻り、インドの査証手続きをした。インドへは再び大竹と同行し、インド最南端タミル・ナドゥ州のトリチー、ヴィランガニ、そしてナガパティナムを目指した。

これら3カ国での新しい援助プログラムを始動するのに数週間を費やしたあと、大竹と私はスリランカへ現地調査に向かった。しかしながら、スリランカの被災地ではあまりにも多くのＮＧＯと援助資金が押し寄せ、むしろ状況をさらに混乱させていることがわかり、我々はこの地での援助プログラムは行わないことに決定した。

２００4年12月の段階で、東南アジア3カ国の２００～３００人程度の青少年を対象としたプロジェクトを行なっていたＫｎＫは、２００５年1月末にはタイ、インドネシア、インドという新たな3カ国での新規プロジェクトを展開し、１０００人規模の裨益者を抱えるようになったのである。

数年経ってから振り返れば、こうした展開はごく当然のことのように思われるが、その当時実際に活動にあたった者にとっては激動の数カ月であった。

２００5年の1月、ＫｎＫのスタッフらは非常に過酷な日々を送った。無我夢中で泳ぎきった先はどこにたどり着くのか定かでない、それでもとにかく全力で泳ぎ続けなければならない、そうした努力の果てに実現した新規プロジェクトだった。我々が行なった津波被災者支援活動の詳細とその成果については、また別につまびらかにする機会があるものと思っている。

今私の心に去来するのは、２００５年1月に私が目にしたいくつかの光景である。

泥に埋め尽くされたバンダ・アチェの町、見渡す限りのがれき、無数の木々や押しつぶされた自動車などの山。建物のベランダにしがみついている人、また、その甲斐なく流されていく人の映像。当初は数千人規模の犠牲者といわれていたこの災害による死者・行方不明者は20万人を越えた。それすらも推計でしかない。ミャンマーやバングラデシュで正確に何名の犠牲者がいたかは明らかになっていない。被災者は500万人にも上った。町や村が丸ごと消えてなくなった場所もあった。

私はバンダ・アチェの町をこの目で見た。完全にまっ平らにされたその姿は、歴史の教科書で見る、ドレスデンや広島など戦争中の爆撃にさらされた街のようだった。

スリランカでは、南西部沿岸のヒッカドゥワで列車がなぎ倒され、爆発したかのように破壊されているのを目の当たりにした。生存者は一人もいなかったという。バンダ・アチェでもナガパティナムでも、大きな漁船が岸から離れた町中まで運ばれ、座礁している様を目撃した。

12月26日（日）はクリスマスの翌日だった。インド南東部のヴィランガニはキリスト教徒の巡礼の地でもある。そしてこの日の朝、津波が押し寄せたとき、海辺にはミサを終えた数千もの巡礼者たちがいたという。

そして奇跡的に一命を取り留めた子どもたちに出会った。津波の絵を繰り返し描く子が多かった。それらの絵を見るたびに、今も私の心は強く揺さぶられる。

21. 2005年1月、バンダ・アチェ

インドネシアのジャカルタで森田と合流し、我々はメダンからバンダ・アチェへと向かう飛行機に乗ることができた。メダンは、スマトラ島北西部に位置する同島最大の都市である。

飛行機は満席で、キャンセル待ちをしていた我々は出発直前になってようやく搭乗できることがわかった。静かなフライトだった。島の最北端バンダ・アチェに近づくと、滑走路の順番待ちのため、上空でしばらく旋回するとの機内アナウンスがあった。機体が傾くにつれ窓に映ったのは、壊滅的な被害を受けた町の姿だった。乗客はみな、援助関係者や軍人など、被災地支援のため現地入りする人ばかりで、それぞれが災害被災地や紛争地などでの活動経験のある人たちだった。みな、現場の状況についてはある程度の想像をしてきていたことだろう。

だが、地上の光景を見て機内は静まり返った。飛行機は2回、3回と旋回してから、高度を下げ着陸態勢に入る。すると、数十キロ四方にもわたって叩き潰されたかのような町の姿が目の前に広がった。爆撃されつくした町のようだった。見渡す限り、がれきの山だったが、モスク（イスラム教寺院）と海辺のヤシの木が何本かかろうじて残っていた。それ以外は想像もつかない勢いですべてが崩れ、潰れ、ぺしゃんこにされていた。我々が活動しようとしているのは、そういう場所だった。

アチェ入りを前に我々は、ジャカルタで「インドネシア子ども福祉財団」の理事長と会い、被災者支援のためのパートナーシップを締結していた。なお、この連携はその後８年にわたって続き、２００６年のジャワ島中部地震と２００７年のスマトラ島南西沖地震の被災者支援でも、ともに活動にあたった。

バンダ・アチェでは、同財団の理事長自らが空港で我々を迎えてくれた。彼女はアチェ出身だったのである。そして、彼女の自宅に2日間ほど宿泊させていただくことができた。この「インドネシア子ども福祉財団」とともに国境なき子どもたち（ＫｎＫ）は1年半にわたり、アチェ州での被災者支援を展開することになる。

資金に限りはあったが、早急に活動を立ち上げる必要があった。出発前に定めた活動の枠組みに沿って、現地パートナーとともに、小規模人数を対象に、最低でも６カ月間の活動を、と形にしていく中で、新たな課題が発生した。外務省の日本ＮＧＯ支援無償資金協力（当時）を得るべく、その申請をすることにしたのだ。森田は私の数年来の個人的な友人だったが、彼が何を専門としているのかよくは知らなかった。しかし、聞いてみれば、彼は東大で研究をしながら、ＪＩＣＡ関連の仕事をしているという。

もしかして、資金援助申請の書類の書き方などを知っているのかと問うと、ええ、まあ、という答えがこともなげに返ってきた。

かくして森田は、ＫｎＫのインドとインドネシアにおける被災者支援活動のため、外務省の日本ＮＧＯ支援無償資金協力（当時）の申請書作成を担当することになった。タイ、プーケット島での活動については、我々の自己資金で対応することになった。

その時点では、インドとインドネシアについても、申請する資金援助を待たずに自己資金の範囲でできる活動を立ち上げる必要があった。

私の人生で、三つもの新規のプロジェクトをこれほどまでに短期間で計画策定し、始動させたことはない。KnKは、それまで中長期的プロジェクトしか運営したことがなかった。そしてカンボジア、ベトナム、フィリピンのいずれの活動地においても、活動対象となる青少年の中には、生命の危機に瀕するようなケースはあったにせよ、団体として緊急事態に即したプロジェクトを展開したこともなかった。

我々は、壊滅状態のバンダ・アチェの町を歩き回り、ありあわせのテントが設置されただけの避難所や病院を訪れ、そして何よりも、被災者の声を聴いて回った。

そうする中で、避難所を巡回する移動型の児童館のようなものがニーズに合うと考えられた。6カ所ほどの避難所を毎日巡回して、各避難所の子どもたちにレクリエーションやおやつの時間、勉強を見てもらったり話を聞いてもらったりする場を、半年程度提供したいと考えたのだ。この事業は、結果としてその後1年半にわたって継続される。このごくシンプルなアイデアが、ごくシンプルな援助事業として始動した。

大型の四輪駆動車に、本やおもちゃ、テレビ画面とDVDプレーヤー、果物や水、スナック菓子などを詰め込むと同時に、現地パートナーの力を借りて少人数のスタッフを雇い入れた。パートナー団体とは、まず6カ月間このプロジェクトを実施することで合意した。

その後、私はバンコクへ戻って大竹とともにインドを目指し、森田は資金援助の申請書作成に取り掛かった。しばらくして、外務省から申請が通った旨が通知された。

22. コロマンデル海岸

古いイギリスのタクシーに似たこの車で走り出してから、かれこれ数時間が経つ。ヒゲ面の運転手は、物腰は丁寧だがにこりともしない。運転しながら、私のことをどういう客なんだろうと想像しているのだろう。

窓の外の風景を見るだけで、どっと汗が吹き出るようだ。外は燃えるように暑い。コロマンデル海岸は永遠に続くのかと思う長さだ。

私は、チェンナイへは25年ほど前に一度来たことがあった。当時はマドラスという名前だった。その際には、聖トマスの遺品が収められているという教会を訪れた。聖トマスはキリストの使徒の一人で、キリストの死を受け入れられず、その証拠を捜し求めたという話が伝わっている。彼はキリストの死後、インドまで宣教に赴いたという。

そして今日現在、ここインド南部には、少数派ながら数多くのキリスト教徒がいる。

私がバンコクに到着したのは今朝のことだ。その後、休むことなくインドの南、ヴィランガニを目指し、南下中なのだった。

道中、石に彫られた歴史的建造物やヒンドゥー教寺院、その他、歴史や伝統についてはとんど知らないが、素晴らしい場所をあちこち訪れた。どんな宗教を持ち、どんな生活スタイルなのかも知らない人びととも大勢出会った。日本に来る外国人の中には、日本はまさしく最果ての国で右も左もわからない、と言う人が少なくないが、私にとってはここインドがそれにあたる。

ポンディシェリで休憩を取る。フランスの旧植民地だ。18世紀にはヨーロッパ各国がインドに大使や領事、商人らを送り込み、交易所を設け、商業利権を得た。

フランスがインドの植民地における行政権を手放したのは、1950年代のことである。

ポンディシェリには、今もなお当時の建物がホテルやレストランとしてその趣きを保っている。

海岸沿いの散歩道にはガンジー像がある。

17世紀にデンマークの植民地となったトランクバール（タランガンバーディ）にも立ち寄ってみた。インド洋に面する大きな砦は、「ボリウッド」映画の舞台のように見えた。

トランクバールについてはガイドブックで数行の解説を読んだが、私がそこへ足を伸ばしたのは、何よりもその名称ゆえだった。トランクバール。こんな名前の場所が存在するなんて想像できるだろうか。この目で見た今なら、私には想像できる。

視察などで出張に出かけた際には、近辺のあちらこちらを訪ねてみることがある。その場所に関するガイドブックや本、小説、各種のレポートなど入手可能な資料を読み、日程が許せば1日2日、視察地への移動の合間に時間を取る。景色を眺めたり、美術館を訪れたり、寺院や教会などの聖地を訪ね歩き、その土地の市場に足を踏み入れてみる。

そうすることで、その土地を私なりに理解しようと務め、歴史に思いを馳せ、空想に身を浮かべる。

ナガパティナムへ来るのは、スマトラ沖大地震・インド洋大津波の直後、2005年1

月の現地調査以来だった。

港と海岸へ足を伸ばしてから、一路、ヴィランガニを目指す。そこに、国境なき子どもたち（ＫｎＫ）の施設「ＫｎＫホーム」があるのだ。

ヴィランガニはキリスト教徒にとっては巡礼の地だ。聖母マリアをまつる町の教会は、砂糖あるいは海の塩のように真っ白だ。巡礼者向けのホテルやレストランが軒を並べ、土産物屋ではキリストやその使徒たち、聖母マリアの生涯を語るカセットテープや、この地を訪れたローマ法王の演説を収めたカセットテープなどが売られている。

12月25日のクリスマス、町は巡礼者でいっぱいになる。

２００４年のクリスマスの翌朝、それは日曜日だった。教会は人びとがすし詰めになり、子どもらや教会でのミサに参加しなかった人びとの多くは、海辺に５００メートルほど続く砂浜を散歩していた。

その日の早朝、インドネシアの北西沖を震源とする地震で津波が発生した。ヴィランガニに津波が到達したのは何時ごろのことだったのだろうか。津波の高さは発生場所においておよそ20メートルにもなったと言われているが（いったい誰が目撃して、誰が証言したのだろうか）、ヴィランガニの砂浜に達したときにはどれくらいの高さになっていたのだろうか。

ＫｎＫホームの子どもたちは繰り返し津波の絵を描いていたが、私には依然として想像がつかない。

この津波でヴィランガニは、コロマンデル海岸最大数の犠牲者を出した。津波が襲った日、海岸で日曜の朝を過ごしていた人びとは数千人にも上っていたという。

私は2005年1月に初めてこの地を訪れ、それから1年半後の2006年6月に再びここへ視察に来たのだった。

前回訪れた地をそれぞれ辿りながら南下する道中、左へ曲がる道がある度に運転手に曲がってもらうよう頼んだ。津波で破壊された村々を一つひとつ見て回るためだ。その先にあるカリメール岬からは、対岸のスリランカが目と鼻の先だ。

村々はまだ再建からはほど遠い状態だった。時が止まったままのようだった。いくつか建設工事が始まったものの中断しているところも少なくなく、被災者は依然として仮設の掘っ建て小屋に詰め込まれていた。

多くの人の生活が、2004年12月26日の朝に消え去ったままだった。国際社会はその人びとのために涙を流し義捐金を送ったが、人びとの暮らしは以前と同様に貧しいまま、その悲惨さがやや増しただけという結果になった。そしてこの人びとは何ひとつ要求すらしない。

幹線道路を南下しきったあとは、徒歩で海辺まで行く。水は熱かった。周囲は一面に塩田が広がっていた。帰りには記念に塩を買った。塩は生命のシンボルだから。

23. ラスト・フロンティア／東ティモール

ディリへの着陸時には、自分が空から落ちてきたような気持ちになる。滑走路は直前まで視界に入らず、それまではただ海だけが目の前に広がっているのだ。

バリ島から2時間強のフライトは、インドネシアの島々を飛び越える。豊かな緑、活火山、村や港はあまり見えず、船もまた少ない。

東ティモールは２００２年に独立を果たし、21世紀最初の独立国となった（その後、コソボや南スーダンなどの独立が続いている）。

２００６年10月に国境なき子どもたち（ＫｎＫ）がここ東ティモール※で活動を開始したころ、この国は大きな混迷の中にあった。政情不安のあまり、内戦に近い状態だった。数万人が国内避難民となって国中をさまよっていた。

首都ディリは、10年ほど前のプノンペンを思わせた。もちろん、あれほどの交通量はないが……。

ここは、子どものころに見た西部劇の映画に出てくる町に似ている。木造の建物、埃の巻き上がる道、棘のある草木が風に吹かれ、目の前を豚が通り過ぎる。

東ティモールもまた、国連主導による平和構築の真っ只中だったが、当時のカンボジアと比べれば介入している非営利組織の数は圧倒的に少なかった。

その背景には、この国が遠く離れた場所にあることや物価の高さがあるのか、あるいは

※東ティモール
２００２年５月20日に独立。ポルトガルの植民地時代後、１９７５年、インドネシアによる武力侵攻以降、強制的に併合された歴史をもつ。

東ティモールという国があまりにも未開の地すぎて、人びとの関心を掻き立てないのだろうか。いずれにせよ、この国が諸外国で新聞の一面を飾ることがほとんどないために、マスコミ好きの人道援助団体を呼び込めないのかもしれない。

東ティモールは、こうした国際社会の無関心には慣れていた。

1975年にそれまで宗主国であったポルトガルから独立するも、インドネシアに制圧され、国際社会が黙認する中、併合される。その占領統治はきわめて暴力的で、弾圧により数十万人もの犠牲者が出た。

1999年、人びとがあらためて独立を選択すると、国連は東ティモール暫定行政機構を設立し、政府機構の構築に努めた。そして2002年5月、東ティモールは正式に独立、その初代大統領にシャナナ・グスマンが就いた。

我々が訪れたのはそれから4年後のことだったが、国連によるサポートは続いており、国際連合東ティモール支援団が和解と国造りのため活動していた。

だが、国の内部での軋轢はなお激しかった。農村部の住民が都市部へ流入し、人びとを家から追い出すなどして住み着いていた。国中そこかしこで暴力沙汰が起きていた。空港前には1万人近い人がテント生活をし、町でもそこらじゅうに「避難民」が溢れていた。住居の整備、食料の配給、飲料水の提供、医療など、国連と各種の非営利組織が連携して活動していた。

夜8時を過ぎると夜間外出禁止となり、通りを行き交う人は誰もいなくなる。代わって暗躍するのが「ギャング」とも言うべき人びとだ。彼らの「スポーツ」は、動くものすべてに向けて石を投げることで、それは国連の車とて例外ではなかった。

私はディリに到着するとすぐに、滞在期間中のタクシーを手配した。同行していた同僚（このとき行なったのは「調査ミッション」というもので、これは常に2名ないし3名で実施することになっている。複数の視点を持って状況を多角的に把握するためだ）とともに、この小さな町と、その近郊を回った。夕方、我々は近くの海辺まで行った。ここは治安上の懸念ゆえに、人がまったくいない場所だった。

クリスト・レイというその海岸の名前は、その先に位置するクリスト・レイ像にちなんだもので、このキリスト像はブラジルのリオ・デ・ジャネイロにあるものや、ポルトガルのリスボンにあるものと同一である。のちに私は、この国の子どもたちや、取材に訪れた友情のレポーターらとともに、この場所を何度も訪れることになる。

町中には燃やされた家屋が少なくなかった。若者たちの集団と武装警察との関係はピリピリしていた。暴力は日常茶飯事だった。我々は時間をかけて市内を回り、集会など人の群れを見かけるたびに近づくのを避けた。キリスト教徒が大多数を占めるこの国には教会が各地にあるが、それらの教会前の広場や公園など、少しでもスペースのある所ではどこも避難民がキャンプを形成していた。大学や学校は閉鎖されていた。警察の装甲車両がひっきりなしにパトロールしているのが目についた。

内戦に近い空気感だった。

この地で我々に何ができるか、それを考えながらひたすら市内を回り続けた。

水や食糧、その他もろもろの物資を提供するだけの団体の一つとしてその列に加わるのではなく、ＫｎＫらしい活動として何ができるか。

そうするうちに答えを見つけた。

コモロはディリ郊外にあたる地区で、市内を離れてすぐ、空港の手前にある。数週間前に大きな暴動が起こったのは、この地でのことだった。建物に火が放たれ、殴り合いがあり、死者まで出た。

完全に破壊されつくした町の市場と主要道路の間に、窓ガラスが割れ、門をバリケード封鎖された大きな建物があった。隣接するだだっぴろい空き地は有刺鉄線で囲まれている。そこは荒れ果てた青少年センターだった。我々の探していたものを見つけた、と思った。

市内へ戻り、この青少年センターの責任者を探すべく、役所の青少年・スポーツ課を訪ねた。小さな町ではみなが知り合いも同然なので、こういうときには助かる。

翌日のアポイントメントが取れた。

この閉鎖された青少年センターの責任者、ジャシンタは30代前半と思しき女性だった。センターは暴動による治安の問題と底をついた予算のため、数カ月前から閉じられているのだという。私はいくつかの提案とともに、彼女に活動を支援したい旨を申し出た。

まず、できるだけ早くセンターを再開する。有刺鉄線は撤去する。割れた窓ガラスは修理する。空き地を運動場として整備し、スポーツのアクティビティを実施する。

「投石」を除けば、東ティモールの若者に人気のスポーツはサッカーだった。そしてこの国では、サッカーは男子のものと明確に線引きされていたため、バレーボールとハンドボールのコートも整備し、若い女性たちもスポーツをしに来られるようにしたいと考えた。

年少の子どもたちのためのミニサッカー場もつくることにした。

そして、従来の青少年センターの活動であるコンピュータ教室や英語教室、家電修理技術教室、絵画教室も復活させるよう提案した。

さらに、幼い子どもたちが、母親あるいは保護者とともに利用できる幼児教室も整えることにした。

その後、役所の青少年・スポーツ課を再び訪れ、東ティモール青少年センター協会やユニセフの事務所、日本大使館も訪問した。

同種のプロジェクトはその後、バウカウ、ヴィケケ、エルメラというほかの3地区でも展開することになり、それらはジャパン・プラットフォームからの資金援助を受けることが決まった。

私はコモロ地区のスポーツ指導員たちとミーティングをおこないたいと申し入れた。そのとき、私は、40ページほどの非常に興味深い資料を東京から携えてきていた。それは、ディリにおける若者たちの「ギャング」化についての資料だった。

それによれば、若者たちの「ギャング」の前身はスポーツ団であることが多く、とくに、空手やテコンドー、ボクシングなどの格闘技にそうしたケースが多いと記されていた。各スポーツ団はそれぞれ強い独自色があり、クラブ名、エンブレムなどのほか、クラブに所属することを示す入れ墨があったりすると書かれていた。

私がミーティングを持ったのは、そうしたスポーツ団のリーダーたちとである。

再開したばかりの青少年センターにて、それは奇妙なミーティングだった。いずれも15

歳から25歳くらいの、いわゆる筋金入りのギャングのボス、その右腕と思しき者、そして手下たちが集まっていた。

その表情は、マニラの刑務所で会った若者たちに通ずるものがあると、私には思えた。

私から伝えたいことは、ごくシンプルな話だった。青少年センターはすべての人を対象に開かれるもので、男女や年齢を問わないこと。実施するスポーツアクティビティの練習時間、年間カレンダー、町のほかのクラブとの交流試合のこと。英語教室などの教育アクティビティの登録方法、できるだけ休まずに続けて通うことが望ましいが義務ではないこと。利用者はお互いに尊重しあうこと。できれば窓ガラスは割らないでほしいこと。

最後に、各スポーツ団が行なうそのほかの活動について、夜間のものを含め、私としては反対するものは何もないことを話して、ミーティングは終わった。

その翌日から、登録希望の若者が連日500人もの列をなすようになった。

ジャシンタはセンターのスタッフを整えた。サッカーコーチはナショナルチームの選手が引き受けてくれた。そのほかの活動の講師らも決まった。

英語教室は大盛況となった。国連その他の外国から来ている組織で働くことを夢見る若者が多かった。

Tシャツやユニフォームが揃えられた。少年ミニサッカーのクラブ名は「クロコダイル」に決まった。トーナメントのための優勝カップも用意された。

幼児教室は、学校や幼稚園の閉鎖のため行き場のなかった幼い子どもらを受け入れ、治安の不安なく通える場所があることを母親たちは喜んでいた。

そして、若い母親たちと幼い子どもたちの存在は、センターを平和に保つことにも貢献していた。いかに恐ろしいゴロツキも、母子を襲うようなことはできない。

ある日のサッカーの試合に議員が視察に来たと思えば、ほどなくして当時の首相ジョゼ・ラモス＝ホルタから手紙が届き、そこにはセンターの活動への感謝と賞賛の言葉が綴られていた。

そして、センターに通う子どもや若者にとって大きなプレゼントとなったのは、映画スターのジャッキー・チェンがユニセフ親善大使としてこのセンターを訪れたことだった。いつしか、コモロの青少年センターは単なるサッカー場ではなく、平和構築の役割を担う場となっていた。

このプロジェクトの終わりごろに、当時ＫｎＫの会長となっていた寺田朗子を伴って私が東ティモールを訪れた際には、同国の大統領となっていたジョゼ・ラモス＝ホルタと会うことができた。温かく迎えていただき、非常に心温まる面会だった。

初めて降り立ったときから、この国のことが好きだった。いつか、そう遠くない日にまた訪ねられることを願っている。

24．絹への情熱

国境なき子どもたち（ＫｎＫ）のカンボジアにおける活動は２０００年９月に始まった。１９９７年の団体発足以来、日本の子どもたちを対象とした教育プログラムとして「友情のレポーター」が続いているのと平行して、海外活動地での自主的プロジェクトを初めて実施したのが、ここカンボジアでのことだった。

バッタンバンは小さいながら州都となっている町で、我々が活動を開始したころは、旧ソ連製の小さな飛行機を利用するか、あるいは首都プノンペンからでこぼこ道を車で４～５時間ほどかかる場所だった。

この地に開設されたＫｎＫの「若者の家」で生活する青少年男女は、ここから通学したり、職業訓練へ通ったりしていた。

ここに至るまで、非常に限られた学校教育しか受けられなかった彼らには、職業訓練の選択肢も狭まってしまうのが現実だった。そして、彼ら自身の職業に対する夢や展望も幅広いものではなかった。当初は、数年もかかる職業訓練よりも、比較的短期間で身につけられる職種を選び、できるだけ早く自立しなくては、という意識が彼らの間には強く、男子はバイク修理、女子は美容師といった選択をする子が大半を占めていた。だが、ＫｎＫではたとえ複数年にわたる訓練でも、サポートが得られることが少しずつ理解されていき、将来というものをより広い視野で見通す子も出てきた。

成長というのは、時間がかかるものだ。

私は、貧困家庭に生まれ育った子、路上生活に陥ってしまった子らが、教育訓練の機会が限られてしまっているがゆえに、将来の展望を幅広く抱くことができず、結果として、彼らの次の世代の子どもらもまた将来を夢見ることが難しくなる、という悪循環を断ち切りたいと考えた。

これに呼応するように、小学校だけでなく上の学校へ進学したいと希望する子や、大学にまで進みたいと夢見る子が出てくるようになった。

こうした子どもらのために、ＫｎＫは首都プノンペンにも小さな施設を構え、高等教育を受けられるようサポートするようになった。

「若者の家」出身で、プノンペンやシエムリアップ、そして最近ではバッタンバンの大学を卒業した若者らは、これまでに30名ほどになる。

子どもらに成長するための時間と、夢を見る機会、そして各人の才能を花開かせるためのチャンスを提供する、それが「若者の家」だ。

バッタンバンの「若者の家」は、カンボジア社会に有能なバイク修理工や美容師を送り出すと同時に、コンピュータ技師や観光ガイド、教師、アーティストなどのさまざまな職業人を生み出し、その中には僧侶までいる。

２００７年には、「若者の家」内にて自主運営の職業訓練ワークショップを開設することで、「家」で暮らす子どものみならず、「若者の家」が所在する地域コミュニティの若者、また近郊の村々の青少年にも広く手に職をつける機会を提供したいという目標のもと、対象となりうる青少年らにどのような職業を希望するか調査を行なったことがあった。

その回答の中には、バイク修理や美容師と並んで、主に女子から、縫製の技術を身につけ、工場に雇われるのではなく自前の商売ができるようになりたい、という声が多く寄せられた。そこで、縫製の技術訓練を実施することとし、そこに私は絹の機織り技術を加えることにした。

カンボジアにおける絹糸の生産および絹の機織りの伝統は、クメール・ルージュ時代にほぼ途絶えてしまいかねない状況にあった。しかし、幸運にもいくつかの村ではこれらの伝統が守られ、その技術が受け継がれていた。

シエムリアップと国境の町ポイペトの中間地点あたりに位置するプノム・スロックという小さな村では、数百人規模で伝統的な絹産業を続けていた。また、プノンペンにほど近いメコン川の中洲の島や、ベトナムに近い南東部の村でも、伝統的な技術を受け継いでいる人びとがいた。

カンボジアで活動を始めてまもなく、我々はピニュロット・シソワット（Pheanuroth Sisowath）氏と出会う機会を得た。彼は我々の活動に理解を示してくれ、カンボジアにおけるＫｎＫの理事長を務めてくれるようになった。

カンボジアを旅したことのある人なら、この地名を聞いたことがあるかもしれない。プノンペンのトンレサップ川沿いの遊歩道はシソワット・キー通りという。

そして、この国の激動の歴史について学んだ人なら、シソワットというのが王家に連なる一族の名前であり、それは現在同国の国王を輩出しているノロドム家に関係するものであることも知っているかもしれない。

カンボジアの王族に連なる人の中で、ピニュロット・シソワット氏はクメール・ルージュによる殺害を免れた幸運な一人である。

その彼がカンボジアで行なった数多くの活動の中に、私がとくに興味を惹かれたものがあった。それは、絹糸の生産と絹の機織りをする技術者のための「クメール・シルク・ヴィラージュ」（ＫＳＶ）という協同組合だ。１６００以上の世帯がこれに参加し、前述のプノム・スロックに近いバンテアイミエンチェイ州が主な活動地となっていた。

我々は「ＫＳＶ」からその仕組みやノウハウを学び、そこで研修を受け、彼らの経験を共有させてもらった。また、その後数年にわたり、我々はＫｎＫの職業訓練を受けた若いカンボジア女性らの絹製品を日本国内のチャリティ・バザーなどで販売する際に、彼らの商品もあわせて販売するという連携も行なった。

絹糸の生産工程というものは、知ってみれば非常に興味深いものだった。そこで、バッタンバンの「若者の家」で生活する青年女子たちや近所の地域出身の若い女性たち15名ほどを対象に、絹の機織りを学ぶコースを開設すると同時に、絹を生産する全サイクルを自分たちでやってみることにした。

「若者の家」の敷地のうち、それまでは稲作をしていた場所に桑の木を植えた。次いで小さな蚕小屋を建てた。それは高床式のわら葺き小屋で、風通しを良くしつつも中の蚕を守るためフェンスを張った。それから我々は、プノム・スロックから持ち帰った蚕がＫｎＫで初の繭を作り、さらに次の世代の蚕をもたらすのを待った。

寒さや熱さ、大雨を初めとする外界からの攻撃（バッタンバンはジャングルの中ではないが蚕を好んで食べる小動物は少なくなかった）など、我々の絹生産は何度も頓挫した。しかし、その度に粘り強く工程を繰り返すことで、どうにか金色に輝く生糸を1、2キロほど作り出し、それを使って布地を織るまでに至ることができた。

もちろん、縫製を学ぶ若い女性たち全員の作業分を補うには到底足りない量だが、それでもこの生糸とそれで織られた数枚のスカーフは、100パーセントKnK製として私の目に輝かしく映った。

今日、バッタンバンのKnK職業訓練所では40名ほどの若い女性たちが縫製を学び、布バッグやスカーフ、小物などを絹そして綿で製作している。彼女たちは、桑畑、蚕、繭、糸紡ぎ、そして機織りという絹生産の工程を理解したうえで、縫製の作業をしているのだ。

この若き女性たちは、今日、祖国カンボジアで時代を超えて受け継がれ、日本やフランスでも高く評価されてきた絹生産のノウハウを持った職人となった。

こうした異国の文化を、絹糸が取り結んでいるともいえるだろう。

KnKは、カンボジアで製作されたこれらの品々と、パキスタンやバングラデシュの活動地で出会った職人たちによって作られた作品を日本で紹介している。その一環として、各国大使夫人や、異文化交流を目的とした婦人たちの団体が開催するチャリティ・バザーに毎年のように出展している。

これらの販売を受け持つのは、スタッフの守谷季美枝と熊本晃順、そして数名のボランティアたちだ。私は品物を運ぶ運転手を務め、バザーなどのオープニングに出席する。

ある日のチャリティ・バザーでは、主催者の招待により皇后陛下が来場され、出展している非営利団体の代表者が別室にてお目にかかる機会があった。守谷は私にＫｎＫを代表して出席してくれと言う。

儀礼に則った距離間のもと、一列になって待つ。軽く頭を下げた状態で待つ私たちの前を、一人あたり数秒程度の時間をかけて通り過ぎて行かれる。オレンジジュースが供され、そして散会、のはずだった。

だが、その場で唯一の外国人だった私に向かって皇后陛下はお手を差し出され、どの団体の代表かとお尋ねになった。

そして、ＫｎＫとして絹製品を出展しているとの説明を受けた皇后陛下は、私に「繭はどのように育てていますか」とご質問された。

非常に驚いたが、絹糸の生産についてはよく知っていたので答えることができた。「木の束の中で育てています。この方法ですといくつかの繭を傷つけてしまう可能性があり、それにより糸が毛羽立ってしまうこともありますが、これがカンボジアでの伝統的な育て方です。そして、絹生産に携わる若い女性たちに、何よりも伝統的な手法を学んでもらいたいと思い、このやり方を取っています」すると、皇后陛下は、ご自身も皇居の一角で養蚕を手がけておられること、そして、日本古来の手法で絹を作り出すことに情熱を傾けておられることを話してくださった。

ごく短い時間であった。絹が織りなす道は、王子や皇后といった人びとの心の中にも続いている。

25. ヒマラヤのふもとで

「カラコルム・ハイウェイ」は伝説の道路だ。パキスタンと中国の間をつなぎ、ヒマラヤ山脈を横断するこの危険なルートでは、今日もギラギラとデコレーションされたトラックが走っている。

この道路は、全区間で開通したのが1970年代と、比較的新しいものである。パキスタンの北部アボタバードからマンセラを抜けて無数の小さな村を過ぎ、中国の最西端の大都市カシュガルまでおよそ1300キロのハイウェイだ。

ヒマラヤ山脈に連なる、海抜4000メートルを超えた地点を通るこのルートは、パキスタン国内ではその大半をインダス川沿いに走る。

ガイドブックには、観光客として一度は通ってみるべき道、といった風に書かれているが、パキスタンは観光に非常に適した国とは言い難く、中国のこの地域もまた同様だ。そしてこの2カ国の国境に位置するクンジュラブ峠を、ギラギラのトラック以外で通り抜けられる人がいるのか私にはわからない。ましてやそこは、高度4600メートルに位置する場所だ。

このハイウェイが危険な理由の一つには、毎日のように地滑りがあちこちで起き、道路の一部が欠けている箇所があるため、それを避けて急ごしらえのデコボコ迂回路（高所恐怖症の人にはお勧めできない）を通るか、あるいは道路が修復されるまで数時間ないし数日、ひたすら待たなくてはならないことが挙げられる。

そして、危険な理由のもう一つは、この地域からさほど遠くないところにタリバンの勢力地域があり、一般論として外国人はあまり歓迎されない傾向にあることだ。また、この道路はパキスタンとインドの間でその領有を巡り争われているアザド・カシミール地域も通っているなど、その他の理由も枚挙に暇がない。

ともかく、「カラコルム・ハイウェイ」は観光客向けの道路ではない、というのが私の意見だ。

だが、２００５年の10月以降、私はこのハイウェイのほんの一部分を通るようになり、ヒマラヤ山脈の素晴らしい景色を目にし、名前も聞いたことのない小さな村や地域を知るに至り、それまでまったく縁のなかった人びとと出会うことになった。

この年に発生したパキスタン北部大地震は、バラコット近郊を震源とし7万５０００人以上の死者・行方不明者と10万人を超える負傷者を出した。まさしく山そのものが揺れ動いたのだ。

バラコットは完全に破壊され、アザド・カシミール地域の首府ムザファラバードも大きな被害を受けた。このほか、その周辺およそ数１００キロ四方にもわたり、無数の小さな村々が地滑りで埋もれた。南へ約２００キロ離れた首都イスラマバードも、この地震による被害を受けた。

このような大規模自然災害の被災地の映像は、概して衝撃の強さを示すため震源地近くで撮影されたものが多く、世界各地から駆けつけたジャーナリストらによってほんの数日間、災害を報道するためだけに撮影されるのが一般的だ。しかし、このパキスタン北部大地震では、県や州といった大きな単位で人びとの生活基盤が丸ごと失われ、数千もの家屋が全半壊し、幹線道路も小さな道も通行不可となり、数十万人という人びとが住まいを失い被災者となったのだった。

そしてこの地震が発生したのは10月、ヒマラヤ山脈を抱えるこの地方の非常に厳しい冬が始まろうとしていた季節だった。

国境なき子どもたち（ＫｎＫ）はこの地震の被災地で４つの学校を開き、数年にわたってその運営を続けた。バラコットに1校、「カラコルム・ハイウェイ」に近いシンカリに1校、そして残りの２校は山のさらに頂上近く、四輪駆動車でしか登れない道を行き、そこからさらに数時間歩かなければ到達できない場所に開校された。

そこでは高所からのめまいと、そして素晴らしい絶景をお約束する。その村の人びとは、子どものみならず大人も、外国人を見たことのない人がほとんどだった。使用されている言葉はパキスタンの国語ウルドゥー語ではなく、その地域特有の言語だ。ここはまさしく最果ての地であり、高さの面でもこのうえなく突き抜けていることは間違いない。

緊急事態に即した援助活動を展開する際にいつも驚かされるのは、どの国でも、現地の人びととの出会いである。彼らは、我々が自分に関心を持つなどということを想像だにしていなかったことだろう。それまでの「助け合い」は、既存のしきたりに沿ったものだった。つまり、家族だから助け合う、同じ民族だから手を差し伸べる、同じ地域に生きているから協力し合う、といった具合にだ。困ったときのサポートというのは、身内同士で行なうものだったのだ。

　そこへ突如として政府からの援助が届き、国際社会からの援助などというものまで届くようになる。

　うちの村へテントを運び込み、食料や医薬品を届けているこの兵士たちは、いったい何者なのか。なぜこの外国人たちは、何週間あるいは何カ月間にもわたってうちの村に留まり、医療をしたり物資を配給したりするのか。

　そしてＫｎＫとかいうこの日本の非営利団体は、なぜ学校の授業を再開させ、学校施設の再建をするのか（だいたい日本ってどこだ？）。そもそも彼らはうちの村への道をどうやって見つけたのだろうか。

　援助活動の開始当初は、たいていの場合、現地の人びとから懐疑的な目で見られることが多い。もしかしたら、人びとには過去の苦い経験に基づく不安があるのかもしれない。

　たしかに、キリスト教系の団体の中には、人道援助活動を展開しつつ、対象とする人びとをクリスチャンへ改宗させることを目的としている組織があるのは事実だ。そうした団体の多くは、教祖たる伝道者によって設立されている。

　たとえば、食事の時間に子どもたちにキリスト教のお祈りをしましょうと呼びかけるような団体がある。子ども自身やその親が別の宗教を信仰しているにもかかわらずだ。こうした組織は、条件つきの援助を提供しているとも言える。

　ＫｎＫは、パキスタンで学校支援を始めた当初から、宗教に関係のない授業と、地域の人びとが信仰する宗教に関わる授業がバランスよく組み込まれるよう提案した。そして、数学、理科、歴史など一部の授業は、パキスタンの国語であるウルドゥー語で行なわれること、宗教に関する授業は全体の授業時間の2割を超えないこと、などもあわせて提案した。そして、生徒は男女比のバランスよく受け入れることも依頼した。年少のクラスは男女共学に、より大きい子たちは男女別のクラスで、という形だ。

この国の都市部から離れた遠隔地では、イスラム教の教典コーランを学ぶための「マドラサ」と呼ばれる学校が子どもたちの唯一アクセスできる教育機関であることが珍しくない。それも男子のみが対象となっている。

ＫｎＫからの提案はすべて受け入れられた。しかし、実際の日々の学校運営のうえでそれらがすべて実現したのかどうかを厳密に調べることはできない。我々ができるのは提案であって、命令ではないからだ。

ＫｎＫが活動するようになって数年が経ったころ、活動地の村の長老ともいうべき人物がある日、両手を広げて私を迎え入れてくれた。彼は建設された学校と雇用した教員たちについて私に感謝の言葉を述べ、我々からの交換条件のようなものが一切なかったことを評価してくれた。

その言葉は、ＫｎＫの活動に関して寄せられた謝意の中でも、もっともストレートなものとして私の心に響いた。

援助というのは対価を求めるものであってはならない。援助をするという行為そのものがすべてを表しており、説明は必要ない。それは人類にとってごく自然で根本的なものなのだ。親が子どもを保護し、教育するのはなぜかと理由を問わないのと同じことだ。それは当然の役目であり、当然の責任であり、親という存在を尊重することを求めこそすれ、対価を要求することはありえない。

他人を思いやる気持ちは、私たち一人ひとりが持つ根本的な機能なのだ。

これら4校の学校運営は、4年間継続された。それぞれの地域コミュニティが、地震で亡くなった人の思い出を大切にしつつ、日々の生活を再建するのに必要な4年間だった。

その後ＫｎＫは、日本の外務省とパキスタン教育省の協力を得て、地震で崩壊した学校校舎の再建事業を２０１６年まで継続した。

これにより、マンセラ郡とアザド・カシミール地域に60校が建設され、男女および年齢のバランスよく子どもたちが学校に受け入れられるようになった。

これらの学校の大半を、建設途中あるいは開校式の際に訪れた。高い山の峰の上や人里離れた遠隔地の谷間など、いずれも壮大な景色の中に学校はあった。震災後、長らく掘っ建て小屋やテント、あるいは木の下で勉強を続けてきた子どもたち、そしてその教員たちがそこにいた。

記念撮影のため、教師を取り囲んだ生徒たちの姿を何度も目にした。周囲は見渡す限り雪に覆われた山々で、彼らのすぐ後ろには谷間へ下りる急な坂道がある。

その光景は、私が子ども時代に教科書で見た写真を想起させた。その教科書によれば、カール大帝は、フランスの子どもたち全員が貧富の差にかかわらず学校へ通えるようにしたそうだ。西暦８００年ごろのことだったと学んだが、パキスタンの山奥で私の目の前に広がる21世紀のこの光景は、９世紀のものといわれても違和感がなさそうだった。

ＫｎＫが学校再建の事業を始めてまもなく、もう一つの自然災害がパキスタンを襲った。２０１０年の雨季は降雨量がきわめて多く、インダス川沿いに大きな洪水被害をもたらしたのだ。

この洪水では、川の下流では同国の経済の要所であるカラチに至るまで、平野部分で甚大な被害があったが、上流においてもその破壊力は小さくなかった。各所で地滑りが発生し、土砂崩れとなって家屋や道路、学校などを埋め尽くしたのだ。

ＫｎＫの現地チームは、当時30名ほどのスタッフからなっていたが、5年に及ぶそれまでの活動の経験からノウハウを蓄積していた。そこで、この緊急災害に際し、さらに10名ほどの人材を確保し、被災地コヒスタンでの新たな援助活動に着手した。

カラコラム・ハイウェイがさらに北へと走る、この地はパキスタン北西部の、発音するのがとても難しい、ハイバル・パフトゥンハーという州だ。マンセラ郡を離れ、バタグラム郡、シャングラ郡を抜け、ベシャムという小さな町でインダス川を渡った先に、コヒスタンはある。

これらの地名はどれも詩的で、その響きはとても美しい。そもそも私は地図が好きで、地名や河川、山の名前に強い関心があり、ついでに人名にも興味がある。

これまでにパキスタンでＫｎＫが活動してきた地域以上に、ここでは外国人をまったく見かけない。登山家やトレッキングをする人たちも、数年前からヒマラヤ山脈のこちら側は通らなくなっており、我々の移動の際にも安全確保のため警察の車両がぴったりとエスコートして来ていた。

6カ月のプロジェクト期間で、まず洪水で崩壊した校舎の代わりとして、テント形式の仮設校舎およそ40校を設置し、次いで長期的に活用できる本校舎を30校ほど建設した。川から十分な距離を取って建設された本校舎を、私自身いくつも訪問し、そのうち1校では開校式に出席することができた。

谷間から垂直に伸びる山の頂へ登るには、車から降りてなお数キロ、埃だらけの山道を徒歩でよじ登らなければならない。

その山道の両脇に、50人ほどの少年たちがずらっと並んでいた。年齢は8歳から16歳くらいだろうか。どの子も兄のお下がりと思しき制服を着て、中には裸足の子もいる。恥ずかしそうに微笑みながら、直立不動で並んでいる。

頂上では初老の教師が2名の若い教師をともなって我々を待っていてくれた。

鮮やかな青空に見渡す限りの山また山。谷間を覗き込むと、緑にも灰色にも見える急流があった。

学校はごくシンプルな構造で、基礎の土台はコンクリート、壁は木材が二重になっており、屋根はトタンだ。中には教室が二つ、机、椅子、そして教壇が並んでいる。すべての資材はふもとの車道からロバに乗せて運び上げたのだという。

一つの机の上にティーポットとカップが置かれていた。居合わせた全員にとって感無量の瞬間だった。周辺の村々にもないような、立派な校舎が完成したのだ。教師らの感謝の言葉は尽きることがなかった。

いくつかの言葉を交わし、感謝を述べ合い、互いを称え合い、そうする間も走り回る子どもたちの笑い声が響いていた。

武装した同行者たちは山道を歩いて登るのが面倒だったのか、車道で我々を待っていた。ここはいわれているほど危険な場所ではないのかもしれない。

パキスタンの北部で出会った人びとの中で、幾人かはその土地の人びとと異なる特徴を持っていた。地域の平均的な人たちと比べて背が高く、より痩せ型で、髪は金髪に近い色の巻き毛、目が青く鼻が高いなど、私から見るとギリシャ人のような風貌が目についた。

それは以前に読んだ、素晴らしい叙事詩を思い起こさせた。

アレクサンダー大王はエジプトとメソポタミア、バビロニア、そしてペルセポリスを征服した人物だ。彼はサマルカンドまで行き、そこに至るまでの道中、自分の名を冠した町をいくつも作り、カイバル峠を越えた。そして、コヒスタンとシャングラの近郊での戦いにも勝利を収め、インダス川を渡り、インド洋を目指して南下して行ったのだ。彼が率いた兵士のうち、長期の行軍や戦闘に疲れた多くの者たちが、ここパキスタン北部で離脱したと伝えられている。恐らくここばかりでなく、ほかの場所でもそういうことはあっただろう。私には、この地で出会った金髪の人びとの先祖は、アレクサンダー大王の兵士だったのではないかと思えてならない。

この学校の子どもたちに、この歴史の一ページを語ってあげたいものだ。

26. エルサレムの壁

その日は、午前中に国連のスタッフとアポイントメントがあった。ヨルダン川西岸地区、すなわちパレスチナに設置された数多くのパレスチナ難民キャンプに関する情報を得るためだった。朝早くに目が覚めたため、エルサレムの旧市街にあるダマスカス門で車から降ろしてもらい、2時間ほどの空き時間を散歩して過ごそうと考えた。

この街については、子どものころから名前も耳にし、映像も見たことがあったが、実際に訪れるのはこれが初めてだった。私はキリスト教徒の家庭で生まれ育ち、新約聖書も旧約聖書も読んだが、それらの物語の多くはここエルサレムで起こっていた。パレスチナやシリア、そして今日イスラエルとなっている地やヨルダンの町や村、その周辺の砂漠もその舞台となった場所だった。

他人に関心を向けること、たとえば恵まれない子どもたちへ関心を寄せるというのは、すなわち彼らのルーツに興味を持つことでもある。具体的には、どのような国に住み、どんな身の上なのか、その文化を知りたいと思い、彼らを待っている将来に思いを馳せることだ。そしてその「将来」はいつやってくるのか。明日か、それとももっと先のことなのか。そしてそれは本当に起こりうることなのか。

意外に思われるかもしれないが、人道的な援助活動とどこかの街を訪れたいと希望することは、このようにつながっている。私には出発点というものが必要なのだ。それは原点となる街だったり風景だったり、あるいは一つのストーリーだったりする。そして、私には好奇心というものもある。エルサレムの旧市街とくれば、否が応でも訪ねてみたくなるではないか。

この聖なる都は、実のところ3つの宗教よって三重に崇められている。ユダヤ教はおよそ3000年前から、キリスト教は1世紀から、そしてイスラム教は7世紀からここを聖地としている。

市壁に囲まれた旧市街には、7つの門から出入りができる。ダマスカス門から入ると、そこにはアラブ地区が2つあり、それぞれキリスト教徒とイスラム教徒が数多く居住している。より南へ行けばキリスト教徒が主に住まうアルメニア人地区があり、そしてユダヤ人地区がある。

朝一番ということで、通りにはほとんど人影はない。9時くらいになるとようやく店がシャッターを開け始める。観光客の姿は見当たらない。猫が数匹。私の初めてのエルサレム探訪は静寂の中にあり、奇妙ですらあった。深い物思いに浸る。細く曲がりくねった道を進む。キリストが最後に歩いた道があった。死刑宣告の場から埋葬地まで彼がたどった14の場所だ。壁には巡礼者を導くための掲示板がある。

14の場所すべてをたどることはせず、聖墳墓教会の入り口まで行った。この教会は、キリストが磔になった地に建てられている。

私の目には街はごく小さく映った。ここでは道に迷うのも簡単だが、自分がどこにいるのかもすぐにわかる。道なりに進みながら歩き続けた。中世そのものと思わせる景観、商品を準備する商店、階段があり、建物内を通り抜けられるパサージュがある。住民の服装はさまざまだ。ユダヤ人地区。そして嘆きの壁。

ここはエルサレム神殿の外壁として、ユダヤ教徒にとってもっとも神聖な場所だ。壁の上にある広場には私は立ち入ることができなかったが、そこには岩のドームやアル＝アクサー・モスクがあり、イスラム教徒にとって第三の聖地と言われている。世界の三大宗教の聖地とされるこれらの場所を歩き回るには、ほんの1時間もあれば充分だ。

エルサレムでは時折ユダヤ教徒とイスラム教徒の間で衝突があるが、この日の朝はどこもごく静かだった。

そしてこの街の外では、ほんの数キロのところで、ひっきりなしに戦争が続いている。パレスチナでの援助活動を開始してから数カ月後に、私は再びエルサレムを訪れた。この市壁の内側をあらためてゆっくりと散歩したあと、ダマスカス門から出てタクシーに乗り、街の東郊外にあるオリーブ山へ行ってくれるよう頼んだ。

その山からはユダヤ人墓地から市街地の市壁、日の光を浴びた岩のドームなどを俯瞰することができる。

エルサレムの絵葉書用の写真を撮るのに最適だろう。

私は、反対側にあるはずの道を探した。丘の反対側へ降りる道である。

だが、そのあたりへ足を運ぶ外国人や観光客はいないらしく、降りて行く私を人びとが好奇の目で見る。降り切ったところで私は目的のものを発見した。壁である。

コンクリートでできたその壁は、高さが6〜8メートルもあるだろうか、「東エルサレムを東エルサレムと分離する」ために作られたものだ。

壁の向こう側には、エザリアやアブ・ディスなどの小さな町がある。壁の向こう側に見覚えのある教会の鐘が見える。ここから50メートルほどのところ、つまりこの壁のすぐ近くに、国境なき子どもたち（KnK）が開設したユース・センターがあるのだ。

壁の向こう側も、町の名前はこちら側と同じだ。壁は単に道路を寸断しているだけで、どちら側にも家庭があり、若者がいて、どちら側にも貧困はある。両側の若者たちが顔を合わせたいと思ったら、まず許可を得て、そのうえで最寄りの「チェックポイント」から壁を越える必要がある。ちなみに、最寄りのチェックポイントはここから車で2時間のところにある。そこでは公式な書面を見せろと求められるが、そのような書類はそもそも決して発行されることはない。すると何時間も待たされ、持ち物検査をされ、それから……いや、どうでもいいことだ、なぜなら、若者たちが壁を越えようとチェックポイントへ行くことは決してないからだ。

明日、向こう側のユース・センターへ行ったら、そこの子どもらに、彼らの町の「向こう側」を見てきたよと話してやろう。そして、彼らの側の壁まで彼らと一緒に来よう。彼らと同じく、私もこの状況を理解したいが不可能だ、ということを彼らはわかってくれるだろう。

そして、彼らの側のエルサレムで、「向こう側」よりももっと美しい写真を一緒に撮ろう。

パレスチナ、東エルサレムこの町のパレスチナ側の地域にて、KnKはユース・センターでの活動に力を入れている。イスラエルによって設置されたこの壁が町を二つに分断している。
写真：ハービー・山口

27. 何年かペンを取らずにいた間に

この本を書き始めて数カ月後、私はペンを取るのをやめた。

理由はない。

書き始めるのにも書くのを止めるのにも理由は必要ない。そこにあるのはそうしたいという意思だけだ。

そうするうちに何年か経ち、その間も仕事は続き、援助事業は次から次へと展開した。ベトナム人少年フォンは料理人になった。今では自分の店を持ち、私がこの仕事を通じて知り合った多くの少年少女の例に漏れず、彼も結婚した。

私が刑務所でバンダナをプレゼントしたマーヴィンは、精神科の施設を出て、我々が彼のために用意した住居に何年かの間、住んでいた。

ある日、マーヴィンの悲しくも衝撃的な知らせがアグネスから寄せられた。マーヴィンはごろつきどもとケンカになり、相手方に連れ去られ殺害されたのだった。彼の思い出は私の心の中で生き続けている。

同じくフィリピンのカルロスは、たび重なる刑務所暮らしの合間に、今も国境なき子どもたち（ＫｎＫ）へ顔を出している。奇妙だが、彼なりのバランスというものがあるのだろう。私がマニラへ出張で行く度に彼は私に会いに来る。もちろん刑務所に収監されていなければの話だが。もう海賊のような茶目っ気はないが、私にとっては今でも可愛い存在だ。

タイのサクニーは、私が最後に会った数週間後に北東部の孤児院へ姉とともに送られた。その後の便りはないが、この世に奇跡というものは存在しないと私は知っている。

バッタンバンの「若者の家」は今もなお、人身売買の被害にあった少年少女を受け入れている。それぞれに必要な期間、「若者の家」で過ごし、可能であれば家族との再出発を遂げている。彼らの心の傷が消え去ることはないが、時間と忘却、あるいは許しといったものが彼らの回復を支えている。

ＫｎＫの活動を通じて出会った子どもや若者たちのその後としては、悲しい話よりも良いニュースの方がずっと多い。

その後の人生で成功した者もいれば、あまりパッとしない生活をしている者ももちろんいる。

私の目には、純粋に彼らが大きくなった、成長したとそのことが嬉しく映る。社会人となってなお、私のことを「パパ」と呼ぶ者もいる。彼らの子どもたちは私のことを何と呼ぶのだろうか。

我々は彼らの運命を根底から覆しはしなかったが、その道のりの一部分を少しだけ変えることはできた。

私が率いる非営利団体、ＫｎＫもまた大きくなった。

東ティモールやインドネシアのジョグジャカルタでも活動したほか、ヨルダンではイラク難民の子どもたちのための活動に次いで、現在はシリア難民の子らに向けた活動を展開している。バングラデシュ、ミャンマー、パレスチナ、そしてイラクでも活動をするに至った。

ＫｎＫがこれまでに各地で建設した学校施設は１００校を超え、若き女性たちが絹や綿製品を作る働き場としての協同組合を設立し、「若者の家」やその他の受け入れ施設も開設してきた。

これらの国の大多数で、ＫｎＫは今日現在も活動を継続している。子どもたちは大きくなりＫｎＫのもとを離れ、そしてまた新しい子どもらが受け入れられている。

こうした子どもたちの人生、そして私や私の仲間たちの人生も続いている。

活動対象となった子ども全員の名前を覚えているわけではない。

私の記憶力に問題があるのではなく、活動対象が広がった結果である。

いつの日か、私がアジアの各地で出会った子どもらのことや、私が訪ねて回る国のことをあらためて記す機会があればと思っている。

今は、２０１1年3月のあの日のことを考えている。

私はパキスタンから帰国した直後で、事務所でミーティングが始まるのを待ちながら、帰りの飛行機の中で見た映画のことを同僚に話していた。

その映画は、２００4年12月のスマトラ沖大地震・インド洋大津波の際にタイのプーケットで臨死体験をした人が出てくるものだった。

私は津波のシーン、その破壊力などはよく表現されていると思った。きっと実際にこんな感じだったのだろうと思わせた。水に飲み込まれてもこんな風に空や木が透けて見えるものなのかと思った。周囲の家屋が崩れていく様や、車、ほかの人などがこんな風に見えるものなのかと。

実際にあのように水に飲まれながら、そのとき、何がどう見えたかを証言した人がいたのだろう。あのように水に飲まれながらも生き延びた人がいたのだろう、とそう思った。

私は間違っていた。

津波が運んでくる水は無色透明ではない。

それは真っ黒なのだ。それは耐え難いほどに真っ黒なのだ。

28．２０１１年３月11日

その日の昼過ぎ、私は自宅にいた。国境なき子どもたち（ＫｎＫ）の事務局と私の自宅は隣同士で、いずれも東京の新宿区下落合という高台にある。

窓からは坂の下にある家々の屋根が広がり、右手奥には新宿の高層ビル街が控え、左側にはお寺の境内の樹齢１００年という木々が見える。すぐ脇の、大通りまで降りていかれる小さな階段では、しばしば撮影が行なわれている。我々がいるのは、世界有数の大都市の中の小さな村といった印象の地域だ。東京は実にいろんな顔を持っている。

私の家が崖の上に建っていることを知ると、友人たちは一様に驚き、また冗談交じりで、ここは地震大国なのに、などと言ったりしていた。

日本へ来てかれこれ20年以上、地震にはもう慣れていた。初めのころは夜中の地震で目を覚まし、本当に地震だったのか、あるいは地震の夢を見たのかなどと思いながら、再び眠りについたものだった。

地震があったらテレビを点けて、震度は、震源地は、どこかで被害などあったのか、と見る癖もついた。しょっちゅうあることなので、いつしか機械的に震度などをチェックするだけともなっていた。

だが、この3月11日の揺れはあまりに衝撃が大きく、私も同僚たちも急ぎ足で屋外へ出た。我々の家屋から数十メートルのところに空き地があったので、近所の家の屋根瓦が落ちてきたり、あるいは万が一家屋が倒れたりするような場合に備えて、そこへ避難した。8、9人でその空き地で様子を見た。

そして事務局へ戻り、テレビを点けた。

震源は太平洋の仙台沖、震度7、津波の恐れあり、と報じられていた。

すると、先ほどと同じくらいの大きな揺れが来た。さっきよりももっと急いで外へ出た。事務局の前では、隣家の子どもが小学校から帰ってきたところだった。彼を抱き上げ一緒に空き地へ連れて行った。しだいに不安が募っていった。

そして三度目の揺れ。これにより、これまでにない大きな地震が東北の沿岸で発生しているのだということが実感できた。

マグニチュード9・0、我々の経験したことのない規模の地震だった。

このときから、テレビは数週間にもわたり昼夜点けっぱなしとなった。

だが、この時点では地震の被害を伝える映像はごく限られていた。

午後5時、守谷は自宅に戻ることに決めた。この時間ならまだタクシーをつかまえられるかもしれない。

電車はすべて止まっていた。その他のKnKのスタッフは事務局に残り、しばらくしてから私の自宅へ移り、ありあわせのもので食事を取った。

私は大竹を自宅まで送ろうと申し出た。彼女には幼い子どもが二人おり、母親の不在を不安に思うことだろう。子どもたちは、大竹の母親が学校まで迎えに行ってはいた。

私はスクーターを持っている。そして、この夜、車やバスはほとんど動かなかった。

新宿は東京でも、もっとも人の多い地区で、都庁や高層ビルなどのオフィス街がある。この日、公共交通機関で帰宅できない数十万もの人びとが徒歩で自宅を目指した。通りは人で埋め尽くされていた。

しかし、物音はせず、大声をあげる人もおらず、車のクラクションもなければ、話し声すらも聞こえなかった。そこにあったのは重たい沈黙だった。

この晩、東京の道という道を、数十万人が無言で歩いたのだ。車はぶつかり合うこともなく、車間距離は保たれ、信号も守られていた。大竹を乗せた私のスクーターは、車の間を縫うようにして進んだ。大竹の自宅まで数キロの距離に2時間かかった。帰りも同様だった。

実のところ、私にこの晩の街の様子を目の当たりにする機会をくれた大竹には感謝している。このような光景は、誰にも想像もつかなかった。ありえない光景、そしてひどく心揺さぶられる光景だった。

自宅に戻ると、同僚たちと寝る支度をした。その間も地震は繰り返し起きていた。伝わってくるニュースは悲劇的なものだった。夜は長いような短いような、寝苦しい晩だった。

翌土曜日の朝、同僚たちは各自の自宅へ向け徒歩で出発した。

日本で以前からずっと案じられていた巨大地震が、とうとう発生したのだ。

月曜日にまた会おう、と同僚たちと言葉を交わした。週末とはいえ、のんびりできるような気分ではなかったが、だからといってできることは何もなかった。家族や友人と連絡を取り、無事を確かめ合い、そして待つしかなかった。

29. 月曜の朝、東京にて

週末の間に、この地震がどれほどの規模のものであったかが伝えられた。犠牲者の人数はまだわからない。時間を追うごとに、その人数は増すばかりだった。

刻一刻と新しいニュースが入ってくる。宮城県の沿岸が津波に直撃されていた。海岸沿いの木々がなぎ倒されている。波は空港の駐機場にも達し、飛行機が流され、車両が引きずられていった。

２００４年12月のインド洋大津波とは違って、被災地から大量の映像が届いていた。ここ日本では誰しもが携帯電話を持ち、日常的に写真や動画を撮っている。連日、途方もない量の映像がテレビで流れ、インターネット上で共有されていった。公共放送の４つのチャンネルと、５つの主要な民放チャンネルのみならず、恐らく日本中のすべてのテレビ局が被災地の模様を報道し続け、それはおよそ1カ月近くの間、ノンストップで続いた。

画面の一角に日本地図が表示され、新たな地震や津波の速報をひっきりなしに流していた。地図はほぼ常に点滅していた。公共放送では注意報や警報を流す日本語、英語、韓国語、中国語などのアナウンスが途切れることなく続いていた。

私の自宅には同僚の熊本が同居している。我々は毎晩、地震で目を覚ました。その度に大急ぎで身支度をしながら玄関まで行き、屋外へ避難する準備をした。

そして揺れが収まると寝に戻る、その繰り返しだった。

玄関には飲料水のペットボトルを2本、毛布、懐中電灯を入れたリュックサックを置いた。銀行のATMが使用できなくなる場合に備えて、服のポケットには現金を入れておいた。断水に備えて、風呂場では常に浴槽に水を張っておくことにした。

その後数日間、商店の棚は空になり、ガソリンスタンドでも車両1台あたり20リットルまでしか給油できなくなった。そして、東京の街は節電のため、最低限まで灯りを落とすようになった。

これまでに経験したことのない、奇妙な生活だった。

一人の友人が電話をかけてきた。彼女のフランス人の夫は先週の金曜日、徒歩で5時間かけて家に帰ってきたという。彼女は三人の幼い息子のことを案じていた。この日の午前中、駐日フランス大使館からの連絡があり、緊急援助物資と援助隊員を乗せた軍用機がフランスから来ていて、水曜にはフランスへ向けて出発するが、その便に空きがあるという話だった。彼女は家族を連れてその飛行機に乗った。夫は数日後に日本へ戻り、彼女と息子たちは夏休みの終わりごろに帰ってきた。

また別の友人も、二人の子どもを連れて日本を離れた。彼らは日本へは戻らない決心で旅立った。このほか、日本の南へ数週間、あるいは数カ月、避難した知り合いもいた。

この月曜日の午後には、日本中を震撼させるニュースも報道された。

福島にある原子力発電所が爆発するというシーンが、テレビで流れたのだ。発電所から数キロの地点で撮影されたというその映像は、爆発の煙を映し出していた。見えたのはほんの少しの煙だったが、それは未曾有のパニックを引き起こしかねないものだった。福島といえば、東京から２００キロほどしか離れていない。放出された放射性物質が風に乗って東京にまで到達していたと知ったのは、あとになってからのことである。

この月曜日、我々はミーティングを開き、この震災の被災者のためにＫｎＫも行動を起こすということを決定した。その内容についてはまだ決めることはできなかった。

とりあえず、中古の軽自動車を２台、購入することにした。配達の人が使うような小型のバンだ。２人乗りか４人乗りで、２００キロの積載が可能なこのタイプの車ならば、狭い路地にも入っていかれる。

そして、事務局のある下落合地域で、ＫｎＫという組織が被災者のために動こうとしていることを伝えるチラシを配って回った。事務局の前に大きなプラスチックの収納箱を置き、赤ちゃん用のオムツ、毛布、飲料水など被災地へ届けたい物資の簡単なリストを作って貼り出した。

近所の人びとから寄せられたこれらの物資を２台の車に山積みにして、我々はまず北茨城の避難所を訪れ、その後、より北部の岩手を目指した。

事務局へは、世界各地の活動現場から応援のメッセージが届いた。現地スタッフ、子どもたち、またＫｎＫを知る人びとから我々を案じ、そして連帯の気持ちを示す声が続々と寄せられた。

数日のうちにこれらのメッセージは３０００件を超え、我々はそれらを団体のウェブサイトで公開することにした。また、被災地の人びとと共有すべく、印刷もした。

オムツを配り、応援のメッセージを共有する。それらはほんのわずかな行為でしかなかったが、いかに小さな支援であっても、それを届けることには大きな意味があると私は今も信じている。

自分のお気に入りの玩具を被災地の子に届けてほしいといって、我々の事務局まで持ってきてくれた少年のことは今も私の心に深く刻まれている。

それから数年にわたり、被災した人びとのために物資を届け、建物を再建し、今日現在もなお、ＫｎＫは岩手で支援活動を継続している。

この週の後半に、我々は２台のスズキのバンを受け取りに郊外の中古車販売店まで出かけていき、金曜日には物資を積めるだけ積み込んで、スタッフ４名で被災地へ向けて出発した。行き先は北茨城だった。

30. 被災地へ向かう

地震は、宮城県の県庁所在地・仙台市の東方沖60キロほどの海底を震源地としていた。南側の福島県と、北側の岩手県もまた甚大な被害を受けた。岩手県の宮古市では津波が高さ40メートル近くまで遡上したという。

さらに北に位置する青森県と、福島の南にある茨城県では、津波は「ほんの数メートル」にしかならなかったという。しかしそれでも充分に家屋などに被害をもたらす規模である。

我々が最初に目指した被災地は、茨城県沿岸地域だった。東京から車で数時間ほどの距離で、被害を受けた福島原発からの避難指示の出たエリアからはもちろん外れている。だが、この地の被災状況は、これよりも北の地域の状況を想像させるに充分だった。

波高4メートルという津波による被害は目を見張るものだった。破壊された漁船や原形をとどめない漁業の道具。海沿いの建物や港に近い家屋はひっくり返っている。この地でも犠牲者やケガ人が出たが、その数は比較的少ないとのことだった。

被災した人びとが身を寄せる避難所を訪れ、物資を手渡しながらも、かける言葉はうまく見つからなかった。

東京へ戻り、得られた情報と我々の受けたショックを事務局のスタッフらと共有した。そして、これまでアジア各地の自然災害被災地で行なってきた活動をもとに、今後の活動を練った。

誰を対象として援助を行なうのか、被災地のどこで、誰をパートナーとするのか。そのための資金をどのように得るか。活動期間と予算。具体的な目標、いかにして効果的な活動をするか、など考えなければならないことは山ほどあった。

事務局の中で２名のスタッフが既存のアジア各地における活動のすべてを担当することとし、残りのスタッフは全員、東北の被災者支援に注力することになった。

この地震と津波で甚大な被害を被った３県のうち、私は岩手で支援活動を行なうことを決定した。

南部にある福島県は、その一部へ立ち入ることが禁じられており、その地が抱える問題は我々の手の届く範囲を大きく超えていた。中間にある宮城県は、肥沃な平野部に位置し多くの工場などが構えられていたが、震災発生直後から被災地域へのアクセスは比較的容易で、今後援助の手が集中するだろうことが予想された。そこで、岩手県へは個人的に足を踏み入れたことはなかったが、我々の手で実現しうる、人間味のある援助活動をここで目指そうと考えた。

３月26日、スタッフの清水と佐々木、そして熊本と私が２台の小型バンに分乗して、岩手を目指した。道中、以前に国境なき子どもたち（ＫｎＫ）の友情のレポーターとしてカンボジア取材に参加した安田菜津紀と、その友人佐藤慧と合流した。佐藤の両親は陸前高田に暮らしていた。父親は市内の病院に医師として勤務しており、津波の到来時には患者数名とともに病院の屋上に上がって避難することができた。

医師である父親は、波が町を覆いつくし、病院の屋上まであと１メートルというところまで達したのを目撃したという。その妻、つまりKの母親は波にのまれ、その遺体が発見されたのは数週間もあとのことになる。

高速道路は援助に向かう人びと、とりわけ自衛隊の車両で大混雑していた。

自衛隊による10万人規模での援助活動は、震災直後から数カ月にわたり展開された。その働きは、主要な道路のがれき撤去、医療、水、食料などの緊急援助の提供、避難所の設営など多岐にわたった。

被災地のいたるところでその車両を目にしない日はなく、ヘリコプターはひっきりなしに飛び交い、沖合いには艦艇も配備されたと報道で知った。これらの人びとは、緊急消防援助隊や地域のボランティアらとともに、津波で破壊された町や村の家屋の残骸や車両、そして海岸沿い、川の付近などで行方不明者の捜索や、数千トンにもなるがれきの撤去などにあたった。

我々が陸前高田へ到着したのは、午後遅くになってからのことだった。

私は2004年のスマトラ沖大地震・インド洋大津波で被害に遭ったプーケットやアチェ、ヴィランガニをこの目で見たし、パキスタン北部大地震で崩れ落ちたバラコットの町も知っている。バングラデシュやミャンマーの大規模サイクロンで破壊された村などにも足を運んだ。だが、この日の午後に目にしたもの、そしてその翌日以降の大船渡、釜石、大槌、山田、宮古の町の光景は、これまでの私の生涯で見たことのないものだった。

31. 岩手

岩手の海辺は私が想像していたものに近かった。私の祖国フランスのブルターニュ地方やコルシカ島にあるリアス式海岸に似ている。

入り組んだ海岸線を縫うように細い道路が走り、奥深い入り江や小さな漁村、工業都市などをつないでいる。

海沿いの道は、一つ村を過ぎるたびに小さな峠を越えるように上り下りして、次の村へと続く。そこかしこに小さな森や見晴らしの良い展望台などがあり、寄り道するのも良さそうだ。3月ということでまだ雪が残っていたが、春には色合いも変わり、夏、秋と季節を追うごとにそれぞれ美しい風景が見られることだろう。

だが、その海岸沿いはすべて破壊され尽くされていた。

道路脇にはがれきが高さ数メートルにも積み上げられている。数千トンにもなるか。家屋に使われていた木材、壊れた家具の残骸、浴槽と思しき物、車、トラック、漁船、網。堤防や防潮堤などのコンクリートも爆発したかのような姿を晒している。

これらのがれきをすべて処分するのには、数カ月、いや数年もかかることだろうと思われた。がれきの山から木材、石材、プラスチック、ケーブル類、車両などを仕分け、粉砕するなどして、どこか処分を引き受けてくれるほかの地域へ運んでいくしかあるまい。

横倒しになった家屋から何かを取り出そうと試みている人びとがいた。

一人の高齢の女性が、自宅のあった場所で写真を捜していた。

やがて彼女は一枚の写真を見つけたが、それは見知らぬ写真だった。隣家の女性がその写真を手にとって見てみると、それは別の家族のもので、そこは高齢女性の自宅のあった場所ではなかったことが判明した。それくらい状況は混乱していたのだ。

崩れ落ちた学校の校舎跡では、子どもたちが野球のバットやボール、グローブなどを捜していた。だが、仮にそれらが見つかったところで、いったいどこで野球ができるというのか。

多くの人びとと出会い、話を聞くことができた。ほとんどの人は、長い沈黙のあとに語り始めた。自分がどのように生き延びたかを話してくれた。ある人は助かり、そして誰かの大切な人、友人、隣人、知り合いは助からなかった。

がれきの中にいた男性に、何を捜しているのかを尋ねた。

「友だちです。ここに一緒にいたんだけど、ぼくだけ押し流されるように少し高いところへ逃げることができて。彼は逃げられなかった。そいつの遺体を捜しています」と話してくれた。

その心情を思うと、我々は質問を続けることも、彼の言葉を聞き続けることもできなかった。

だが我々はその後数週間にもわたり、同じような言葉を被災地の各所で聞くことになる。

釜石からほど近い小さな村、唐丹では、線路が盛り土となっている。あの日、防災無線のスピーカーからは高さ5、6メートルの津波が来ると呼びかけられ、人びとはそれよりも高い位置にある盛り土の上まで来た。だが、高さ15メートルもの波が押し寄せ、人びとを飲み込んだという。

その話をしてくれた人は家の中にいたという。なぜその家だけが流されずに残ったのだろうか。

数週間後、津波により壊滅的な打撃を受けた大槌へと向かう道中で、我々は一人の少年に出会った。学生服を着て、登校する途中だった。見渡す限り一軒の家も残っていないこの地には、ただただ木材や鉄筋が交ざり合うがれきの山があるばかりだった。いったい彼はどこから歩いてきたのだろうか。

一つひとつの出会い、一つひとつの言葉が我々の心を強く打った。私たちはこの未曾有の大災害を、いかにして乗り切ることができるのだろうか。

家や車の残骸には、一つずつ赤い×印や○印がつけられていた。ここで遺体発見、ここには何もなし。

被災地のいたるところで黙々と作業する人びとがいた。一様にゴム長靴、マスクをして手には長い棒を持ち、誰もが大切な誰かを捜していた。ひっくり返った車から点滅したままの回転灯が見える。そしてビニールシートに包まれた遺体がまた一つ。

この週、我々は毎晩、宿泊先のホテルまで車で2時間ほどかけて帰った。食事、入浴、休息、そしてまた地震。毎晩がその繰り返しだった。

朝は6時に出発し、毎日少しずつ北へと向かった。

どの町、どの村でも破壊された光景が広がっていた。そして、どの地でも被災した人びとの声を聞いた。

生き延びた人びとは、あり合わせの物でしのぐ日々だった。それでも生きていかなくてはならないのだ。

一人の幼い少年のことが、我々の記憶によく残っている。確か5歳か6歳だった。いずれ通うはずだった小学校の校庭に彼はいた。やや低い位置にあった校庭はがれきで埋まり、使用できない状態になっていた。

地元の消防団のボランティアたちがその片づけのため、がれきをトラックに積んでいた。この少年はそんなボランティアの一人の男性の子どもだった。少年もヘルメットをかぶり、一緒に片づけをしようと、木の枝を拾っては父親に届けていた。

少年に話を聞くため、我々は校庭へ下りて行った。父親に撮影の許可を得てカメラを向けると、少年は敬礼してくれた。

のちに両親の同意のもと、我々は彼の写真を印刷物や写真展などで使わせてもらうことになる。

彼のような子どもたちのために、我々は岩手での活動を数年にわたり継続することになるのだ。

32. 蛍

我々はこの時期から現在に至るまで、数百、いや数千枚の写真を被災地で撮影した。記憶を風化させないため、そして語り継ぐためである。すべてが流された町の光景、出会った人びとの姿、学校での子どもらの様子、また、地域のお祭りが復活したときや、中断していた仕事が再開されたとき、新しく建てられた家々など、被災した人びとが再び歩み出す様を記録してきた。

そんな中に、震災直後に友人によって撮影された一枚がある。

東京に戻ってから、彼は私にその写真を見せてくれた。

陸前高田の、一面にがれきの広がる光景である。

壊れた家屋などの残骸、泥、そして水たまり。その上に無数の小さな光が、蛍のようにきらめいているのが見える。

彼は真剣な面持ちで言った。そんなつもりはまったくなかったが、どうやらこの地に埋もれたままの行方不明者の魂を撮影してしまったようだ、と。そして、この写真を近くの神社へ持っていってお祓いをしてもらったら、この人たちが安らかに旅立てるのではないか、とも言った。

彼の言葉に私は頷いた。

彼がそのほうがよいと思うなら、神社へお祓いに持っていこう。

もちろん、しばらく経てば、彼もそれが水たまりに映った太陽の反射だとわかるだろう。

だが、彼の言っていることも正しいのだ。

このとき、たしかに行方不明の人びとの魂は、我々のすぐ近くにあったに違いない。

そして、我々の道中を見守ってくれていたのだ。

33. 教育委員会

東京に戻ると、活動の進め方、事業内容の策定、そしてさまざまな選択の具体化など、即時にやらなければならないことが山積みだった。

日本の教育システムは、ほかの国のものとさほど大きな変わりはない。高校やそれ以上の教育機関は都道府県レベルで管理され、市町村レベルでは小中学校が管理されている。

その時点ですでに3月末、当面の重要かつ緊急の課題は、新学年をできるだけ遅らせることなく開始することだった。

そのころ私がテレビで見たのは、娘の新学年のための準備を進める若い夫婦だった。彼らは娘のためにもここに残り、日々の生活を進めていかなければならない、と語っていた。

彼らの言葉に私は共感した。そして我々にできることは、この激甚災害の被災地にあっても、可能な限り新学年を迎えられる状況を整えるよう努めることだと決意を新たにした。

そこで、当面の活動対象は子どもや教師とはせず、市のレベルで新学年の学校再開を目指す「教育委員会」の人びとをサポートすることにした。

我々はまず、県庁所在地の盛岡から訪問を始めた。

沿岸部から遠く離れたこの街は、地震でも津波でも被害をうけなかったが、県内の高等学校を担当する部署が県庁にあったため、ここを訪れた。アポイントメントを受け入れてもらい、団体の自己紹介と、我々にできることを説明した。

我々が主導権を持って動くのではなく、我々にできることを伝え、それに沿って要請があれば動く、という形を取った。彼らはプロであり、我々はボランティアでしかないのだ。たとえ善意でも、勝手に動けば邪魔になるという場合があるという例を、私はいくつも見てきた。

その時点ですでに私は、周囲の人びとからいくつかの批判を受けていた。「なぜさっさと被災地の現場で動かないのか」と。

数年前にタイやスリランカで見たように、腕まくりをして、おもちゃを手に子どもを膝に抱き取ればそれでいい、とは私は考えなかった。

岩手県の最南端に位置する海沿いの町、陸前高田市の教育委員会をその翌日に訪れたときには、役所の側ではすでに県庁から我々の訪問について連絡が行っていた。

ここで私は一つの奇妙な決断をした。だが、それは正しい決断だったと思っている。そのとき我々のチームは、前の週に来たときと同じく4名で構成されていた。そして私は、市役所でのアポイントメントには同席せずに、車の中で待っていると同僚たちに伝えたのだ。我々はここではよそ者だ。地方では、東京から来た人間は、そのように見られているだろうと私は想像した。そして私自身はさらに遠くから来たガイジンだ。あるいははるか遠くから数日だけ援助をしに来て、そして去っていく、そういう人間だと受け取られかねないと危惧したのだ。

もちろんその後、連携するようになった市役所の人びとと私は顔を合わせ、ともに活動にあたったが、この最初の訪問時は3名の同僚だけが出席し、話し合いをしたのだった。

ここ日本は世界でもっとも豊かな国で、被災地支援と復興のために寄せられた寄付金は天文学的な数字になり、復興に携わる役所や機関は、この資金を分配する機関に必要額を直接申請することができる。政府とその機関は、復興のためのあらゆるニーズを汲み取り、その進行を間違いなく管理している。

それでは、東北の支援のため駆けつけた数々の非営利団体やボランティアには、いったい何ができるのか。彼らがもたらす支援は、ニーズに対してあまりにも取るに足りないものではないのか。被災者らは直接、必要とする援助を当局に要求すれば良いだけのことではないか。

しかし現実には、数多くの人びとが被災者の支援のために動いた。数万人もの日本人が、震災後数カ月にもわたり被災者のため活動を続けた。被災した建物の中を片付けたり、道路を掃除したり、配給の手助けや植樹などをする人もいた。そして数十の非営利団体が、極小のものから著名な大型団体まで、それぞれに援助活動を展開した。この震災を機に設立された団体もある。

そのすべてが現地で尊重され、温かく迎え入れられた(中にはいくつか摩擦を生んだケースがあったのも事実であるが)。

国境なき子どもたち(KnK)の東京の事務局には、被災地支援のための寄付金が寄せられるようになり、同時に我々は緊急事態に即した活動をする際のパートナーである「ジャパン・プラットフォーム」への資金援助申請を準備した。手元にいくらか資金の余裕もあった。そして我々は、被災地で連携する人びとから寄せられる要請については、それが教育的な活動であれ、学校に関するものであれ、教員に関するもの、あるいはレクリエーション活動であれ、ともかくこの大災害を潜り抜けた青少年のためになることであれば、どのような要請にもすべてイエスと答え続けるようになる。

こうして、発注に次ぐ発注を繰り返す1週間を我々は迎える。それは私の人生でも経験したことのないものだった。

陸前高田市では、下水処理施設が破壊された中学校に浄化槽を設置した。ここは全校生徒1500名を抱えるほか、校庭には約100軒の仮設住宅が構えられている。

大船渡市では、学校の通学用バス1台、学校備品や教師用の備品を提供した。

釜石市では、数千着もの学校制服や運動着、給食用の食器およそ1000セット、通学用バス6台、学校の体育館を教室とするための間仕切り板などを提供した。

山田町では、被災した教員のため教職員住宅の改修を行ない、またここでも通学用のバスを提供した。

このようなスピードでお金を使うのは初めてのことだったが、これほどの喜びをともなった出費はなかなかない。

34. 普段着のヒーローたち

陸前高田は、小さな川の河口部に広がる平野に位置している。町は津波で壊滅的な打撃を受けた。この小さな町だけでも数百人の犠牲者が出た。市役所も波にのまれ、かろうじて避難できた職員は、目の前で同僚たちが流されていくのを目の当たりにしたという。

生存者の中には、なぜ自分は助かったのか、自問する人が多かった。

そして、被災の衝撃の中にありながらも、多くの人が早い段階で仕事に復帰した。公的な書類も、その大多数が失われた。

市役所は仮設の建物の中に設置され、県庁や近隣の市、あるいは遠くの街からも職員が応援に駆けつけていた。

我々は、市役所の職員らの時間をあまり取らないよう訪問の頻度や時間に留意していたが、学校教育を担当する部署の人びとは、訪ねる度に快く我々を迎え入れてくれた。スペースがないため、時には外のベンチの上で、あるいは木の下に毛布を敷いて座りながら話し合いをすることもあった。

そして、職員らは我々の質問に辛抱強く答えてくれた。話し合いを重ねるうちに、彼ら自身の身に起こったことも少しずつ理解することができた。同僚を失ったこと。屋上に避難したこと。波にのまれた人の顔を最後に見た瞬間のこと。

自身も被災しながら、自分の仕事の持ち場につき、我々との話し合いに応じてくれた市役所の職員たち。彼らは普段着のヒーローだといえるだろう。

一人の少女の話をしたい。ここでは仮にミカと呼ぼう。震災時、彼女は15歳だった。

彼女の学校は大きな防潮堤で守られていた。地震の発生後、津波警報が流れたとき、幾人かの教員は生徒らをその場に留め、保護者が迎えに来るのを待つことにした。一方、学校の裏手にある高台まで子どもらを避難させることにした教員らもいた。

ミカは避難を選択したクラスにいた。避難する途中、ミカはその場にいた小さい子ども二人の手をとっさに取り、三人で高台まで上って同級生らと待機した。やがて、波が学校まで到達しすべてを押し流していくのを、この子どもたちは目撃したのだった。学校に残って保護者を待っていた生徒らが波にのまれたということを、彼女もそのとき理解したに違いない。

そして、彼女と、彼女が手を握っていた二人は助かったのだった。

彼女がこの話を私にしてくれたのは、震災から2年が過ぎたころだった。なんでもない日常のひとコマかのように彼女は話してくれた。

私は彼女を抱きしめてやりたいと思ったが、ここ日本ではそういうことはしないのが普通なので、ただ彼女の話を聞いてやるだけだった。

この日、2011年3月11日、そしてそれに続く数週間の間、日本ではこのようにシンプルかつ人間味溢れる行動を起こした人が何千人といた。英雄ともいうべき行動を起こした人が無数にいたのだ。

35. 東京へ戻って

我々の被災者支援活動は軌道に乗ろうとしていた。そのための資金も想像以上のスピードで集まりつつあった。被災者支援活動のための支援金は、その約4割がフランス系の企業や団体から寄せられたものだった。

フランス最大級の非営利団体であるスクール・ポピュレール・フランセは、震災直後に被災者支援のための現地パートナーを探し、我々にコンタクトを取ってくれた。東北へと向かう車中で、私は彼らからの電話を受けたのだった。パートナーシップを結べたことを誇りに思っている。そのあと、フランスにて同団体の会長ジュリアン・ロプレートル氏を訪れ、謝意を伝えることができた。

日本でも人気のロクシタン社は、被災者のための支援活動を後押ししたいと申し出てくれた。

サンゴバン・ジャパン社の社長からは電話で、1億円ほどの寄付を被災地支援のために活用できるか、と尋ねられた。

たしかに、寄付金を送ることに留まらず、その使途をよく検討するのは大切なことだ。

ヴァレオ社は、全世界レベルでマッチング・ギフト形式のサポートを実施してくれた。これにより、従業員らによる寄付金と同額を、企業が負担する形で支援が寄せられた。

そして、フランスにおいても日仏両国のアーティストの方々が支援のために動いてくれた。ロンポワン・シャンゼリゼ劇場でのチャリティ・コンサートのほか、パリ装飾芸術美術館や東京の駐日フランス大使館でも、チャリティのためのオークションが実施された。津波と原発事故に触発され、支援に立ち上がった人びとの思いは世界レベルで高まり、その大きさに我々は驚くばかりだった。

２０１１年５月、釜石市内のがれきの山と化した一角に、大きな損傷は受けながらも修復が可能ではないかと思われる建物があることがわかった。そこは公共の市民センターのようだった。散乱した子どもの絵から保育施設のようにも見え、図書室や会議室だったと思しきスペースもあった。

青葉ビルという名前のその建物は、窓ガラスはことごとく割れ、１階の天井付近まで水に浸かり、電気系統はすべてだめになっているなど、使用不可の状態にあったが、それでも建物の基礎はしっかりと残っていた。

仮設の市役所で尋ねたところ、この建物はやはり市民センターで、ほんの３年ほど前に建てられ、以来毎日のように人びとに活用されていたということがわかった。

そこで私は、この市民センターの再建をロクシタン社に提案した。予算は１億８５００万円ほどだった。そして、ロクシタン本社への説明のため、私は翌週パリへとんぼ返りで出張した。

こうして釜石のコミュニティセンター青葉ビルは、２０１２年４月に再開された。その開所式には釜石市長、ロクシタン社の創業者や会長、駐日フランス大使館関係者、我々国境なき子どもたち（ＫｎＫ）のスタッフ、そしてゲストとしてフランス人歌手ピエール・

バルーも出席した。

それは、2011年3月の震災以来、岩手県で再開された被災地のコミュニティセンター第一号となった。

我々はこの青葉ビルを皮切りに、山田町の公民館など、岩手の被災地各所で地域センターの再建を手がけ、この事業は数年続くことになる。

パートナーの中には、寄付金の使徒としてどのような活動に充当されるのかを細かく尋ねる寄付者もいれば、被災者のために、という枠の中でKnKにその使い道を任せてくれる寄付者も数多くいた。

我々は震災後数年にわたり、多くの支援物資を提供し、被災した町や村の公民館をいくつも再建し、スポーツや文化活動などの再開を数多く後押ししてきたが、同時に、これらは他団体からの支援で実現することだって不可能ではなかっただろう。

被災した市町村の役所や学校の教員、地域の代表といった活動パートナーらとの連携はどれも長く続き、中には仕事上のパートナーという立場を越えて、仲間のような間柄となったケースもいくつもある。

そのような中で、KnKの団体としての経験やノウハウを生かした、いわば「KnKらしい」活動も展開したいと我々は考えていた。

こうして、2011年9月には、仮設住宅団地を巡回する移動型子どもセンターという事業を開始することになる。

36. 2011年8月、インターネット上で見たビデオ映像

この年、震災に関する写真や動画は数限りなくインターネット上で共有されていた。誰もが携帯電話を持っている時代、これほどまでの激甚災害に際し、その瞬間を記録したい、あるいは記録しなくてはという気持ちに駆られた人が多かったのだろう。

私はしばしば、夜中に何時間も、押し寄せる津波が町中で水位を上げ建物をあたかもみ殻のようにあっさりと押し流していく様、流れにのまれる車、水が運んでいくがれき、港から陸へと流されていく漁船などの映像を見続けた。

だが、これらの映像には犠牲となった人びとが映っていることはなかった。溺れつつある人や、助けを求める人も映っていない。

あとになって、これらの映像では犠牲者の姿は映さないという自主規制が働いているのだと人から聞いた。死者の姿というのは見せたりしないものだ、と。

この年の8月、私はあらためてこれらの映像を見ていた。一つの映像からまた別のものへと次々に見ていくうちに、一つのビデオにたどり着いた。

それは8分か9分ある、ビデオにしては長い映像だった。

そして、私にとってはこの時期に見た、いや震災以来目にした映像の中でもっとも衝撃的なものだった。その光景は私の脳裏に焼きつき忘れられない。4年経った今もなお、思い出すだけで、その衝撃がよみがえってくる。

その映像は、車の中で撮影されたものだった。窓ガラスは閉められている。撮影した携帯電話はどこかに置かれているか、あるいは手に握られているようだった。映像は途切れ目なく撮影されていた。ダッシュボードの上部が見えるが、人の手は見えない。運転しているのが男性なのか女性なのかはわからない。若者なのか高齢の人なのか、運転者に関する情報はない。車内は豪華な内装ではない。外は良い天気だ。

車は信号で停止した。その前にも別の車が停止している。車窓からは郊外の商業施設が見える。民家と思しき建物はない。しばらく進むと、左手に窓のない大きな建物が見える。倉庫のようだ。

ビデオの開始時点で、映っている車たちは揺れていた。恐らく二度目の大きな地震のときのものだろう。きっと、最初の地震のせいで運転者はビデオを撮影しようと考えたのかもしれない。

車は左折後、すぐにまた信号待ちの列に並んで停止した。２００〜３００メートル先に信号が見える。

ここまでは、映像を記録すべき特別な理由は見当たらない。

取り立てて変わった光景もないまま、ビデオは途切れ目なく続く。

すると、画面奥の交差点でいくつもの車両が左から動いてくるのが見える。

その動きは奇妙なもので、トラック、乗用車、小型のバンなどが自ら前進するのではなく、水に流される形でどれもが同じリズムで押し出されてくる。

やがてその流れはややスピードを増し、制御不能となった車両が次から次へと回転しながら重なり合うようにして流されてくる。水かさはみるみるうちに増し、今や撮影者の車から50メートルほどのところまで迫ってきている。

運転手は窓やドアを開けない。車の前には充分なスペースがあり、隣の車線を走る車もないが、Uターンをしようともしない。ただ撮影だけが続く。

逃げ出す必要などない。その瞬間、運転者はそう考えていたに違いない。

ここにいたって、映像を見ている者は恐怖を覚える。何かが起こる。想像もしたくないような事態が発生してしまうのではないかと。

波はもう車のタイヤあたりまで押し寄せており、その勢いは留まる様子もない。

私はこれが現実にあったこととは信じられない思いのまま、ビデオを最後まで見た。

水位は上がり続ける一方だった。

その映像は、震災から5カ月後に携帯電話から発見されたのだという。

37．仮設住宅を巡回する移動型子どもセンター

被災者の大多数を避難所から住宅へ入居させるという目標は、２０１１年８月の時点で実現されたと報道で知った。

50万人近い人びとが、仮設住宅と呼ばれる建物で生活するようになった。

仮設住宅とは、小さなプレハブの建物で、一般的なケースでは玄関を入ってすぐに台所があり、トイレ・洗面台つきの風呂場と寝室を兼ねた居間がある。

ここに子どもが１人か２人いる４人家族や、あるいは独居の人などがそれぞれ入居した。

これらの仮設住宅は、学校の校庭や市有地、公園など少しでもスペースのある場所にことごとく設置された。こうして作られた新しい「村」は、小規模なものだと仮設住宅４～５軒から、広い敷地では数百軒の仮設住宅によって構成されている。ほとんどの人は、自分が震災時に暮らしていた地域から数キロ離れた場所で生活することになった。そして、このころはまだ通信手段は整備されていなかった。

仮設住宅団地では、車を持っていない人や震災で車を失った人を中心に、多くの人が孤独にさいなまれた。地域の人びとのつながりというものが断ち切られてしまったケースがほとんどだった。

また、仮設住宅には防音の機能があまりなかったため、近隣同士で迷惑をかけないよう、人びとはできるだけ物音を立てずに生活するようになった。

震災から4年経ってなお、30万人もの人びとがこのような仮設住宅で暮らしていた。

この急ごしらえの住居は10年程度の耐久性があるとされ、引き起こす問題の数よりは解決する問題の数のほうが多いのは間違いないだろうが、それでもここでの生活は、独居者にとっても、高齢者にとっても、子どもや若者にとっても、いずれも困難なものである。

国境なき子どもたち（KnK）は、震災直後にすでにスクールバスを23台購入し、陸前高田、大船渡、釜石、大槌、そして山田の各市町村の子どもたちの通学のために提供していた。

そして、今度は座席数20から25ほどのサイズのバスを2台、探していた。「移動型子どもセンター」に改造するためだ。結果として、東京の南、静岡県でこれに適したバスが見つかり、岩手まで運んで装備を整えた。

座席をすべて取り去り、勉強スペースとして大きな机と小ぶりの書棚をしつらえ、よく効く暖房器具を外部の電源につなぐか、あるいは単独で動く形で備えつけた。これらの改造を終えたあと、2台のバスは規定の車検と安全チェックを受けた。

こうして11月には、移動型子どもセンターとしてのバスの準備が整った。

これらの2台は毎日、陸前高田の仮設住宅団地を4、5カ所、巡回することになった。学校の授業が終わる15時から2時間ずつ、7歳から10歳の子、11歳から14歳の子を相次いで受け入れ、そして15歳以上の子は夜19時から21時、あるいは22時までの時間、このバスを利用する。

この事業はそれなりの負担をともなうものだった。運転手は毎日決まった時間に市内各地の仮設住宅団地にバスを移動させ、夜遅くに車庫へと戻す。その後、運転手が別の小型車で、バス2台の備品を補充し、指導員3名をそれぞれの自宅まで帰宅させるというスケジュールだった。

しかし、この事業を進めながら、我々は日々多くのことを学ぶことができた。

これはKnK側から申し出た事業であり、被災者の方々からの要請に基づくものではなかった。ゆえに、現地の人びとに理解され、前向きに活用してもらえるようになるまでには多少の時間がかかったが、しだいにセンターを利用する子どもらの家族や地域の人びとから喜びの声が寄せられるようになった。保護者にとっては、たとえ数時間であっても安心して子どもから手を離せる時間が持て、また子どもの側からしても、狭い仮設住宅暮らしの中で親から離れて過ごせること、また単調な毎日の中でいつもと違う時間を過ごせることは貴重なようだった。そして、子どもらはそれぞれに語りだすようになった。自分が見たもの、自分が体験したこと、少しずつ薄れていくこうした記憶を子どもらは語った。失った家族や友人のこと、もとの学校から遠く離れ、同級生とも離れ離れになったこの新しい生活のことを話す子が多かった。

KnKの移動型子どもセンターは、子どもらが宿題や復習をしたり、試験勉強をしたりするスペースとして提供されていた。時折私が訪問すると、勉強している子もいれば、友だち同士でしゃべったり、指導員らと静かに話をして過ごしている子もいた。

本を読んだり、人と話し合ったり、夢を見て過ごす時間は無用のものではない。

このプロジェクトを開始した当初、我々はその有用性を若干案じていた。だが、こうしたスペースを必要とするくらい、被災地の子どもらは平穏な日常からほど遠いところにいる。

子どもたちに震災のときのことを我々から尋ねたことはない。彼らは話したいとき、話す必要があるときに語り出すのだ。

そして我々は、聞いた話を胸に留め、話しやすいように聞き役を務め、辛抱強く彼らのそばにい続ける。

我々の願いは、彼らが必要とする限りそばにいる、それだけだ。

38. 福島

福島ほど国際社会全体の注目を浴びた地もそうはないだろう。

チェルノブイリ原発事故が世界中を恐怖に陥れたように、フクシマもまた恐怖と混乱を巻き起こした。

福島第一原発の爆発事故後、数日以内に日本を離れた外国人は少なくなかったが、多くの外国人が日本に留まったのもまた事実だ。

恐怖のあまり西日本へ避難した人や、家族を守るために飛行機に乗った人もいれば、度重なる大きな余震に耐えかねて日本を離れた人もいる。

同時に、その場に留まった人も大勢いた。それは英雄となるためでは決してなく、留まるのが当然のことだったからだ。

私は震災直後に小型のバンを2台購入したとき、もしもさらなる緊急事態が東京で起こった際には、小さな子どものいるスタッフの家族が少なくともこれらの車で避難することができる、とも考えた。

私の家は崖の上から転がり落ちることはなかった。経済封鎖された地のように、物資に事欠くこともなかった。東北へ赴く際にはガソリン不足に悩まされたが、それも忍耐強く待てば手に入る程度のことだったし、５００キロ離れた場所に避難したジャーナリストが警告していたような完全な停電もなかった。ただ、毎晩のように余震で何度も目が覚めた。

そしてもちろん、日仏の友人の幾人かは、子どもらの安全のため日本からしばし離れるという選択肢があるということを、我々は理解していた。

放射性物質が我々の住む地域にまで達していたことは、やがてみなが知るところとなった。

だが、これはチェルノブイリではない。

これは福島での出来事であり、それだけで充分だった。

福島というのは津波で大きな打撃を受けた三つの県の一つであり、また、県庁所在地として人口30万人を抱える大都市の名前でもある。そして、その街から南へ60キロほど離れた沿岸部にある福島第一原子力発電所は、２０１１年3月11日の津波で損傷し、爆発事故が発生した。

南相馬はその福島第一原発から北へ10〜35キロほどのところに位置し、事故直後に発せられた最初の屋内退避指示のぎりぎり外側に位置している。

市の大半の地域の住民は、放射能物質による汚染というリスクを負いながらそこに住み続けるか、あるいは区域外へ避難するかの選択を迫られた。

このような状況下で、国境なき子どもたち（ＫｎＫ）の岩手での活動を聞き及んだ市内の保育園からサポートの要請があり、我々は現地を訪れることにした。

現地へ派遣したスタッフは２名のみだったが、それでもやはり当地の安全性に対する危惧はあった。

市内でも、我々が通った地域は津波による被害は見られず、海辺はさらに2キロも先とのことだった。しかし、町中に人の気配はなく、静まり返っていたのが印象的だった。時間の止まった町とでも言おうか、車も通行人もなく、人びとは息を潜めるようにそれぞれの家の中にいるようだった。

訪れた保育園はごく新しい建物で、20人ほどの幼児が元気な笑い声をあげていた。ここで保育されていた子はこのほかにもう30名ほどいたそうだが、その子たちは保護者とともに避難のためこの町を去ったのだという。

その日は快晴だったが、子どもらは放射性物質を避けるため、建物の中で過ごすよう指示されており、外で遊ぶことは禁じられていた。園庭はまだ除染されていなかった。

輝く太陽のもとにありながら、心が塞がるような光景だった。

なぜこの保育園への訪問依頼を受け入れたのか、それについては考えたことはない。一方で、我々がこの子どもたちのために何ができるのかは真剣に検討した。

そして我々は、この子どもたちをサポートすることを決めた。もしかしたらそれは間違いだったかもしれない。

私個人としては、この地の人びとはみな、できるだけ遠くへ避難するべきだったのではないかという思いが今も残っている。この子どもたちは危険にさらされており、いつの日か、親たちはここに残ったという選択を悔いる日が来るのではないだろうか。

だが、我々は彼らの選択を尊重することにした。自分の居場所で生き続けるというのが彼らの選択であり、我々にできるサポートがあるならばするべきだ、そう考えた。我々の役割は善悪の判断をつけることではないし、人は誰しもリスクを承知のうえで生きていくものだ。

　こうして1年半の間、我々はこの保育園からの要請に従い、新鮮な野菜や果物、乳製品などを給食食材として、福島から遠く離れた産地から安全性の高いものを届け続けた。

　その翌年の夏には、この保育園の園児と保護者のため、南相馬からおよそ300キロ離れた地での2泊3日の遠足を実施した。目的地のとある保育園を宿泊先として借り受け、列車を手配して約50名を海辺へ招待したのだ。

　太平洋からおよそ2キロのところで暮らす子どもらだが、海を見るのはこれが初めてという子もいた。

39. 太平洋の水

２０１１年3月11日に宮古港で撮影されたいくつかの映像を、今でもよく覚えている。湾内の水位が瞬く間に上がり、水が防護壁を乗り越えて車道に流れ込む。漁船が流されてきて歩道橋に引っかかる。

駐車場は冠水しいくつもの車が流されていく。

水は建物などを手当たりしだいに破壊し、その勢いは増すばかりである。

水は真っ黒だ。

がれきと、恐らく湾内の水底の土砂で真っ黒な水。もしかしたら犠牲者もその中にいるのかもしれない。

私は房総半島の最南端、千葉県の布良という場所にしばしば行く。

東京から電車でわずか2時間半のところだが、非常に美しい海岸がある。そして8月半ばの週末を除けばほとんど人はいない。

港や高台からは富士山が見え、天気がよければ東京湾の向こうに大島まで眺めることができる。

ここでは、海が凪いでいるとき、太平洋の水は無色透明になる。

40. バンコク、夏

私とスタッフの松浦ちはるは、チャオプラヤ川のほとりにある木造のカフェのテラスにいた。バンコクを流れるこの河川はやがてタイランド湾へと注ぐ。対岸にはワット・アルンという寺院が、その独特な姿を見せている。この寺院は80メートル近い高さを誇る尖塔を中心としており、一般には境内を散策したり、塔の上へ上がったり、その内部を見学したりするために訪れる人が多い。敷地内には小さな塔を初めとするさまざまな宗教的な建物、そして葬儀のための施設などがひしめき合っている。

我々は、この寺院の煙突の一つから煙が空へと立ち上り、風に乗って雲の間を流れていくのを、深い悲しみに包まれながら眺めていた。バンコクの日暮れ時のことだった。我々は翌朝にはまたワット・アルンへ戻り、この煙突のある建物へと再び集まることになっていた。

守谷季美枝は、この寺院が好きだった。彼女は若かりしころ、早稲田大学で三島由紀夫に関する研究をしていたという。

ワット・アルン。三島由紀夫の最後の長編小説『豊饒の海』の第三巻「暁の寺」のタイトルはここから来ているという。

この寺院を選んだのは守谷季美枝の息子、慧だった。

10日ほど前、守谷季美枝は国境なき子どもたち（ＫｎＫ）の活動地を視察するため、日本からカンボジアに出発した。活動地ではプロジェクトの対象となっている青少年、絹の機織りに従事する若い女性たち、そして現地スタッフなど、彼女が愛してやまない人びとに会う予定でいた。

だが、現地で体調を崩した守谷はバッタンバンの病院に運ばれた。その病状を案じた東京の事務局は、車で数時間のところに位置するシエムリアップのより設備の整った病院へ転院させるよう救急車を手配した。しかし、そこでも有効な治療ができないと判断され、彼女は飛行機にてバンコクの病院へ運び込まれたのだった。バンコクには彼女の息子、慧が仕事で滞在しており、また東京からも家族が駆けつけることになった。

そして7月4日の朝、東京事務局からバッタンバン入りしていたスタッフの熊本晃順から の電話で、私は守谷がバンコクの病院で死去したことを知らされた。彼女とはその数日前に電話で話したきりだったが、そのとき、すでに彼女はひどく弱っていた。

かくして松浦と私はバンコクへとやってきたのだった。弔いの儀式、祈り、そして涙。私たちはこの木造のテラスから、守谷の魂が空へと登っていく様を見届けた。

彼女の遺灰は、翌日、家族の手によって、その一部がチャオプラヤ川へと流されることになる。

守谷季美枝

写真：ご家族提供

41. もう一つの悲劇

２００９年、２０１０年と続けて、シリアを訪れる機会が何度かあった。最初のシリア訪問に際しては、同僚たちが当地の治安を懸念していたのを良く覚えている。当時、シリアといえば閉鎖的なイメージがあり、暴力も厭わない独裁政権下にあって、民主主義からはかけ離れた国、と見なされていたのだ。そして、残念ながらそれは事実だった。しかし、一観光客、一フランス人として、また、一人の政治色を帯びない人間として、そして、国境なき子どもたち（ＫｎＫ）ヨルダンの辣腕ディレクターであるサレムの同行を得て、私が情勢に不安を覚えるような場面は一度もなかった。

私はそれ以前からこの国に深い関心を寄せていた。ヨルダンやパレスチナと同様に、この地もまた、我々人類のゆりかごとも言うべき役割を担った場所であると知っていたからだ。

管理の厳しい国境を越え、まずダルアーの町に着く。古代都市ボスラでローマ遺跡をたどって、首都ダマスカスを目指した。

ダマスカス、私にはその名だけでも思いが大きく広がる場所だ。聖パウロの改宗、アラビアのロレンス、ウマイヤ朝の首都、アイユーブ朝の始祖サラーフッディーン、オリエンタルな市場の記憶、そしてお香のにおいなどがない交ぜとなる。

独裁政権下にはあったが、私はシリアで活動を展開したいと考えていた。そこで、関係省庁や大使館などを訪問したほか、当地の青少年向け施設を10カ所ほど視察して回った。

私の目には、シリアの青少年らは男女ともに非常に精神年齢が高く映った。私の出会った青少年らはみな、自分の国に誇りを持ち、数千年来続く自分たちの伝統を重んじ、その統治者に向けられる冷ややかな視線に苦しみつつ、世界に向けて国を開いてゆきたいと望んでいた。

我々の訪問は快く受け入れられたが、同時に、予定外のことがないよう見張られている感もあった。施設の職員らは、青少年らを教育指導するエデュケーターというよりは、むしろ私服警官といったほうが納得のいく佇まいだった。青少年らの中には、わざと楽しそうに振る舞っているのではないかと思わせる態度も見て取れた。だがそんな中でも私は、いくつかのルールを守ることで、ここで活動することは可能だろうかと考えた。

守るべきルールとは、たとえば、中立性を厳守する、政治色を帯びた話題を口にしない、イスラエルの話はしない、大統領の話もしない、その他数多くのタブーとされる話題を避ける、などだ。

そんなルールのもとで活動ができるはずはない。だが、彼らのために何かできることはないのか、と私は模索した。

こうして調査活動は進められ、森田智は活動計画書の作成に取り掛かった。現地の青少年施設の責任者らは好反応で、駐シリア日本大使館からの後押しも得られそうな見通しが立った。

だが2011年3月、シリアの南部、ヨルダン国境に近い町ダルアーで悲劇が起こった。

十数名の若者や子どもたちが、数週間前にテレビで見たエジプト革命の際のスローガンを真似た文言を、市内の壁に落書きしたのだった。

自由を求めて行動を起こした子どもらは連行され、ダマスカスへと移送された。これに対する怒りの声が国中に広まっていった。

書籍や新聞を読んでみてほしい。インターネットで情報を検索してみてほしい。いったい誰がこの暴動で核となる役割を演じ、そして今なおこの戦乱の中心人物であり続けているのかを。あらゆる記録に当たって調べてみてほしい、いったい誰が今日までシリアで続くこの悲劇の当事者であるのかを。それは周辺国であり、中東諸国であり、ロシア、米国、EUであり、そして世界全体なのだ。

時として、人びとが起こす行動には消し去ることのできないもの、忘れることのできないもの、そして許されざるものがある。

こうした行動が、死者46万5000人（シリア人権監視団による数値）と、200万人もの負傷者を出す結果を招いた。2017年3月、国連難民高等弁務官事務所（UNHCR）はシリアの戦乱を逃れて国外へと流出した人びとは500万人を超え、シリア国内で戦火の中を逃げ惑っている人びとは700万人に上ると見ている。

私は、2011年の春に命を落とした13歳の少年ハムザの顔を今でも覚えている。死に至るまで暴行を受け、ダルアーの自宅の脇に遺体となって捨てられた少年ハムザ。彼が自由を望んだのは過ちだったというのだろうか。

時として、人びとが起こす行動には、許されざるものがある。

２０１１年3月、我々は東北へと向かってひた走っていた。我々の目前にあった緊急事態は、人道に対する罪によるものではなかった。大地震が発生し、日本の東北地方沿岸部を大津波が襲い、家屋も田畑もすべて波に飲み込まれたのだった。２万人近い死者、行方不明者が発生し、住まいを失った人は50万人に上ったこの被災地での援助活動のため、小さな組織である我々ＫｎＫは、その全力を投じることに決定した。

次に私がヨルダンを訪れることができたのは、その年の7月のことであった。

その数カ月後、我々は古くからのパートナーであるジャパン・プラットフォームの資金協力を得て、ヨルダン最北部にあるザアタリ難民キャンプにて、シリア難民の子どもたちへの援助活動を開始することになる。そこはシリア国境にほど近く、あのダルアーの町から数十キロのところに位置している。

42．ザアタリ

そこはヨルダンの北部、半ば砂漠ともいうべき景色の中にあった。この地域では珍しくもない景色だ。いくつかの村が点在し、植物が生えている箇所もあり、どこまでもまっすぐな道が続く。

西にはここから十数キロのところにマフラックという小さな町があり、東は約２５０キロ先にイラクまでを結ぶバグダッド・インターナショナル・ハイウェイだ。シリア国境はごく近く、15キロほど先に位置している。

ヨルダン政府が、その当時は世界最大規模ともいわれた17万人もの人を収容できる難民キャンプを設置したのが、この場所だった。そして、この難民キャンプの周辺の町や村々にも大勢の難民が住み着くようになった。その中にはシリアへ帰還した人もいれば、また舞い戻る人も少なくない。

現在、ザアタリ難民キャンプにはおよそ8万人が生活している。ここからさらに東へ行ったところには、ほかのキャンプも複数、設置されている。そして、ヨルダンという国は、60万人とも、その倍ともいわれる数の難民を、主に北部地域の町や村で受け入れている。

国境なき子どもたち（ＫｎＫ）は、２００７年からヨルダンで活動している。当初は、ヨルダンの青少年施設において、地元のヨルダン人青少年と、難民として暮らしていたイラク人青少年とをともに受け入れ、それぞれの成長と相互理解の一助となりたいという目的を持ったプロジェクトを実施していた。

このプロジェクトを通じて、同じ地域に住むヨルダンとイラクの青少年、またレバノンやイエメン、エジプトといった国籍の青少年らが初めてともに過ごす機会を持つようになった。彼らはそれぞれお互いのグループごとにまとまって生活し、接触を持つことはなかったのだ。このような青少年らが共生する場を提供したのは我々が初めてであり、もしかしたら唯一だったのかもしれない。

２０１２年初頭に我々がザアタリ難民キャンプを訪れたのは、ごく自然な流れであった。ＫｎＫにとって難民キャンプで活動を展開するのは初めてのことであり、それまでは、たとえば東ティモールでの活動のように、地域コミュニティの中の施設などで活動するのが我々のやり方だった。ＫｎＫのスタッフが連日のように国連難民高等弁務官事務所（ＵＮＨＣＲ）や国連児童基金（ＵＮＩＣＥＦ）とミーティングを重ねるということもなかった。

この難民キャンプを訪れると、ここでは自前の施設を設置して活動することは不可能であることがすぐにわかり、その代わりにキャンプ内の学校を通じてプロジェクトを展開したいと考えるようになった。

湾岸諸国の中でもとくに潤沢な資金力を持つ産油国、バーレーン政府の資金援助で当時建設されたばかりだった学校は、ヨルダン教育省の管轄下で、すなわち国連の指揮下にはないという状況だったため、ヨルダン教育省への働きかけから始めることとなった。

その学校はごく年少の子から16、17歳までを対象とし、午前は男子、午後は女子、という交替制で、４０００人近くの生徒を迎え入れていた。

そしてKnKは、この学校に通う子どものうち、主に12歳以上の生徒を対象に、合唱や演劇、ロールプレイ、絵画などの課外授業を行なうことになったのだった。

これらの課外授業の取り組みは、生徒や教員らにも大きなインパクトのあるものとなった。教室内で騒いだりする子が減り、結果として普段の授業もより良い環境で進めることができるようになった。生徒同士のつながりも深まり、学校を欠席しがちだった子も進んで通学するようになるなどの影響も見られた。

これに伴い、学校側はKnKが実施する課外授業のためにより大きな教室を提供してくれるようになり、それはしだいに子どもらが好んで集まる場所となっていった。

難民キャンプでの生活とはどのようなものか、想像がつくだろうか。私もどんなものなのか想像を巡らしてみたが、正確なところまでわかるものではない。共感だけでは計り知れない、経験した者にしかわからない暮らしだろう。

難民というのは、囚人ではないが自由に移動はできない。食事や生活物資は支給されるが、労働して報酬を得ることはできない。かつては人並みの住宅に住んでいたのが、テントや仮設の建物に寝泊りせざるを得ない。世界中のテレビ局が彼らを撮影にやってくるが、難民たち自身はそれを拒否することすらできないのだ。

ザアタリ難民キャンプでも、そんな厳しい状況の中、人びとの暮らしが少しずつ形作られていった。

キャンプの敷地内のメイン道路には周辺の町から運ばれたさまざまな品を並べる商店が並び、「シャンゼリゼ通り」と呼ばれる目抜き通りとなった。労働は公には許可されていないが、それでも仕事を見つけて少しでも生活の糧を得ようとする人びとを完全に取り締まることはほぼ不可能だった。

最低限の人間らしい尊厳ある生活をしたいと願う人びとの希望に沿うべく、柔軟な対応が取られていた。

商店が並ぶ通りのほか、学校、警官の詰所、病院、イスラム教寺院、難民登録のための事務所などが作られ、難民たちの暮らしが形になっていった。空き地で遊ぶ子どもや学校へ通う子らの姿を傍目に、大人たちはただひたすらじっと待ち続けるしかない、そんな暮らしだった。

祖国を離れた悲しみ、いったいいつになれば帰還できるのか先の見通しがつかない心細さ、そして親族や友人ら大切な人びとの行方を捜すこともできない焦燥感が人びとを苛んでいた。世界のどこかに自分たちのこの状況を気にかけてくれている人がいるのか、それすら知ることのできない立場に彼らはあった。

いわば人質であると同時に被害者でもある彼ら難民は、国際社会を取り仕切る人びと、大国の首脳たちの無力さのツケを支払わされているようなものだった。

そのような状況下にある難民キャンプ内の学校で、ＫｎＫは生徒たちができるだけ子どもらしい学校生活を送れるよう注力していた。歌を歌ったり、仲間同士で遊んだりしながら、少しでも心穏やかな時間を過ごしてもらいたい、その一心だった。

私は、キャンプ内を統括している人びとや、住民代表の人たち、そして活動する学校で働くヨルダン人およびシリア人の教員たちと頻繁に顔を合わせるようになった。

ＫｎＫは難民のみなさんが必要とする限り活動を続けます、と彼らに確約することはできなかった。私にできたのはただ、いつの日かダルアーの町でみなさんやお子さんたちとお会いできる日が来ることを願っています、とそう告げることだけだった。

43. 岩手へ、そしてまた別のどこかへ

その後も私の旅は続いた。

国境なき子どもたち（ＫｎＫ）のスタッフ熊本とともに赴いたイラクのエルビルでは、いわゆる「中近東地域のキリスト教徒」の人びとと出会った。スタッフ久野と訪れたバングラデシュで、首都ダッカのストリートチルドレンたちと再会した。カンボジア、フィリピンへも足を運び続けている。家族や古い友人のいるフランスへ行く回数も増えた。だが、私の本拠地は依然として東京にある。

震災以来、この数年、岩手へは何度となく通った。今では私が日本でもっとも良く知っている地方は、この沿岸部だと言えるかもしれない。

アジア各国の活動地でも同様だが、出会った人びとのことを、外国人である自分がどこまで理解できているだろうかと考えることがある。

彼らが私と一緒に働いたり、あるいは人生の一時期をともに歩いたりという選択をするに至った背景は何なのか。彼らと私に共通する価値観とはどのようなものなのか。私たちは互いの違いをどのように許容できるのか。

また、岩手の子どもたちと、カンボジアやパレスチナ、バングラデシュの子どもらの共通点とはどのようなものか。

世界各地から寄せられるニュースを聞く限りでは、今や私たちは衝突を避けるべく、孤

立や分断へと向かうほかないかのように思えてくるが、それではどのような状況であれば人びとはともに向き合おうと動くのか。

人類にとって、他者と出会いや他人と向き合うこと以上に意味のある冒険はない。もしかしたら、私の仕事の目的はそれを訴えるという点に集約できるのかもしれない。

仕事のための重要な会議では（私はできうる限りそれらから逃げるように努めてはいるが）、我々は事業の計画や予算、資金調達、達成すべき目標などについて話し合う。我々の活動も指標で示しうる結果を出さなくてはならない。事業実施前と比べて、どれだけの改善が見られたかとか、資金はいかに正しく活用されたか、などを示すためだ。

だが、これらの活動の目的とは、指標で示せる結果を出すことではなく、自分とは異なる人、他人というものをいかに受け入れ、互いの相違をいかに受容するか、という点にあるのではないかと私には思える。

他人との出会いを通じて自分自身についての理解を深めることができる。また、教育面での援助活動は、子どもら一人ひとりの成長のためにこそ存在する。

それらの活動は、それぞれに指標で確認でき、誰かのために有益で、効果が客観的にわかりやすいものをと求められているが、本質的には、出会いと成長、この二つの目的を達成するための手段にすぎない。

少なくとも、私の率いる非営利団体においては、それらを目的とした活動を進めたいと思っている。もちろん、対象とする人や地域、あるいは社会のためにこれ以外の目的を兼ねることには何の問題もない。

アジアや中東15カ国ほどの援助活動の現場で活動するようになって20年近く。私の率いる団体も大きく進化した。創設以来のメンバーに加え、新しく加わったメンバーも少なくない。

そして私は、最初のころと同じように、つねに自分へ問いを投げかけ続けている。

だが、きっとこれでいいのだろう。質問することは、答えを探すよりも大切なのだ。

そして、「すべての行為に意味がある」この確信が揺るぐことはない。

フィリピンの少年リチャードがもしまだ生きていたら、実のところ私がどんな仕事をしているのか、うまく説明できないよ、と答えたことだろう。うまく説明はできないが、私はこの仕事を愛している。

私は、豊かで自由な国に生まれ、学校へ通って読み書きを習い、行きたいところほぼすべてへ思うままに足を運び、人生の選択を自由にすることができる。そして、今なお好奇心を持ち続けている。これは大いなる特権だ。

その恩恵を人びとと分かち合いたい。

すべての子ども、すべての若者が、どこに生まれ落ちようとも、自分の人生を自分で選び取ることができる、そんな世界にするために。

さて、私自身はこれから先の人生をどう選択しようか。向こう数年間、どこへ向かおうか。私は歩き続ける。東京で、岩手で、アジアのどこかで、そしてまた別のどこかへ。

謝辞

この本を、今は亡き三人に捧げたい。一人は事故で、もう一人は殺害される形で命を落としたフィリピンの少年、リチャードとマーヴィンへ。そして急な病で息を引き取った私の大切な友人、守谷季美枝へ。

そして、今なお生きている大切な人びとにも思いを馳せ、感謝を伝えたい。この本を書くために力になってくれた人びとや、そばにいてくれた人びとだ。

フィリップ・ポンスとその妻、真知子本田ポンス。私の日本暮らし初期からの古い友人で、彼らがいなければ私はこの本を書き始めることもなかっただろう。

国境なき子どもたち（ＫｎＫ）の素晴らしき仲間たち：

寺田朗子。私が日本で出会ったボランティア第一号であり、もっとも大切な友人であると同時に、ＫｎＫのファーストレディーとも言うべき存在である。

金珠理。日本で私が非営利団体の活動を開始したごく初期からの仲間であり、ＫｎＫにも設立当初から関わっている。彼女の日本語訳は私の原文よりもずっと優れていることだろう。

佐藤亜子ジュリエット。日本の青少年を「レポーター」として送り出すプロジェクトをともに開始してくれた。

森田智。外務省およびジャパン・プラットフォームへ、最初に事業を申請してくれた。

熊本晃順。この本の編集と写真選びに関わってくれた。彼の支えは私にとって非常に大切なものである。

大竹綾子、松浦ちはる、清水匡。古くからの仲間であり、私のあと、ＫｎＫの舵取りをする三人である。

ＫｎＫ東京事務局の佐々木恵子、加藤香子、久野由里子、岡田茜、村松知恵子、後藤紀子、栗林まどか、そして地中海から太平洋までアジア各地の、厳しい局面にあっても力を尽くしてくれているＫｎＫスタッフたち。

写真を通じて、この本に多大なる貢献をしてくれた写真家渋谷敦志、安田菜津紀、ハービー・山口、清水匡、熊本晃順、守谷季美枝の家族。そしてＫｎＫフォトグラファーたちに心からお礼を伝えたい。

またこの本の製作・出版に携わってくれた寺田朗子、寺田朋子、内海準二、坂上美樹、金詩英にも深く感謝を述べたい。

最後に、惜しみなく貴重なアドバイスをくれた東京の倉持和江とパリのフィリップ・フレリングに感謝する。

ドミニク・レギュイエ

◆本書の記述内容にまつわる主な年表

1984年～1985年	エチオピア大飢饉
1991年	国連カンボジア先遣隊がカンボジアへ派遣される
1992年11月	国境なき医師団日本事務局が開設される
1995年1月17日	阪神淡路大震災発生
1997年9月	国境なき子どもたち（KnK）設立
2002年5月20日	東ティモール独立
2004年12月26日	スマトラ沖大地震・インド洋大津波発生
2011年3月11日	東日本大震災発生
2011年3月13日	シリアにて反政府デモが激化、内戦へ

国境なき子どもたち（KnK）の活動にご関心をお持ちになった方は

国境なき子どもたち（KnK）は、ご支援くださる寄付者の方々と、団体メンバーによって支えられている。こうした人びとの協力により、これまで数万もの子どもや青少年らを保護し、教育機会を提供する活動が実現できている。

この本をお読みくださった方には、ぜひKnKのウェブサイトを見ていただき、活動についてより知っていただければ幸いに思う。そして、過酷な状況に置かれた子どもたちが、大人へと成長するまでの大切なこの瞬間を、共に支えてくださることをぜひお願いしたい。子どもたちの未来は私たちの未来でもあり、そして教育こそがより良い明日を作り出すと、私は信じている。

KnKの活動や寄付については、ウェブサイトをご確認ください。
www.knk.or.jp

ドミニク・レギュイエ略歴
1952年7月、フランス、パリ生まれ。大学在学中にストリート・エデュケーターを務め、卒業後は南アメリカ、インドおよびアジア諸国、オーストラリア、ニュージーランド、日本などを旅して回る。
1983年に国境なき医師団に参加、一年間のエチオピア派遣の後、パリ本部に勤務。1992年に国境なき医師団日本事務局を開設。1997年、ごく親しい友人数名と国境なき子どもたち（KnK）を設立。2017年まで同団体の事務局長を務め、その後も理事としてその職務にあたっている。
Email : dom_leguillier@yahoo.com

装幀：寺田朋子
編集協力：内海準二
組版：渡邉志保

私はドミニク
「国境なき医師団」そして「国境なき子どもたち」とともに
人道援助の現場でたどってきた道のり

2017年11月15日　第1刷発行

著　者　ドミニク・レギュイエ
訳　者　金珠理
発行者　上野良治
発行所　合同出版株式会社
東京都千代田区神田神保町1-44
郵便番号　101-0051
電話　03（3294）3506
FAX　03（3294）3509
振替　00180-9-65422
ホームページ　http://www.godo-shuppan.co.jp/
印刷・製本　株式会社ルナテック

■刊行図書リストを無料進呈いたします。
■落丁・乱丁の際はお取り換えいたします。

ISBN978-4-7726-1329-3　NDC360　210 × 148

バッタンバン
カンボジアが国際社会に向けて国を開き始めたのは1990年初頭のことである。KnKが拠点を置いた西部のバッタンバンは辺境の地だった。そこには木造のバラック、土けむりを上げる道路、そして子どもらの笑顔があった。　写真：KnK

バッタンバン
2001年、古い鉄橋を木で覆っただけの橋がかかる川は、数キロ先でトンレサップ湖に流れ込む。ここを（ヘルメットなしで！）バイクで渡るのは同地でのKnKプロジェクト初代の責任者、大竹綾子。　写真：ドミニク・レギュイエ

バッタンバンの刑務所
ここバッタンバンおよび同じくカンボジアのシソフォン、そしてフィリピンのマニラの刑務所における未成年収容者に寄り添う活動は、私の心を強くゆすぶるものだった。
写真：KnK

バッタンバン郊外
2013年、カンボジアの国土は大洪水に見舞われた。バッタンバンにてKnKは74校の被災した学校に教科書や資材を提供したほか、17000セットの衛生用品を子どもたちに提供した。写真はKnKカンボジアとKnK日本のスタッフによる配布の様子。
写真：KnK

アンコール・ワット
国境なき医師団日本が 1995 年に開始した青少年向けプロジェクトは、2003 年以降、国境なき子どもたち（KnK）に引き継がれた。
写真は、バッタンバンの「若者の家」で生活していたカンボジアの少年少女 4 名と、レポーターを務めた丹沢慶太、安田菜津紀と共に遺跡を訪れたときのもの。出会い、友情、そして感動の取材旅行となった。レポーターの質問に答える形で語られた 4 名の子ども時代の辛苦には我々引率の大人も涙を禁じえなかった。
写真：KnK

◆ベトナム

ホーチミンシティ
ホーチミンシティの児童教育訓練センター（CETC）には400名を超える子どもたちが収容されていた。孤児、捨て子、ストリートチルドレン、法に触れた子どもらが、この定員オーバーの「部屋」に押し込められるように生活していた。　写真：KnK

◆フィリピン

マニラ、カラオカン墓地
彼の名はリチャード。当時13歳か14歳だった。この墓地で暮らす小さな天使を抱き上げている。リチャードは15、16歳で命を落とした。 写真：KnK

マニラ、カラオカン墓地
墓場の天使たちが朝から接着剤の吸引を始めている。彼らとの出会いは、私の人生の中で最も美しく最も過酷なものだった。
写真：KnK

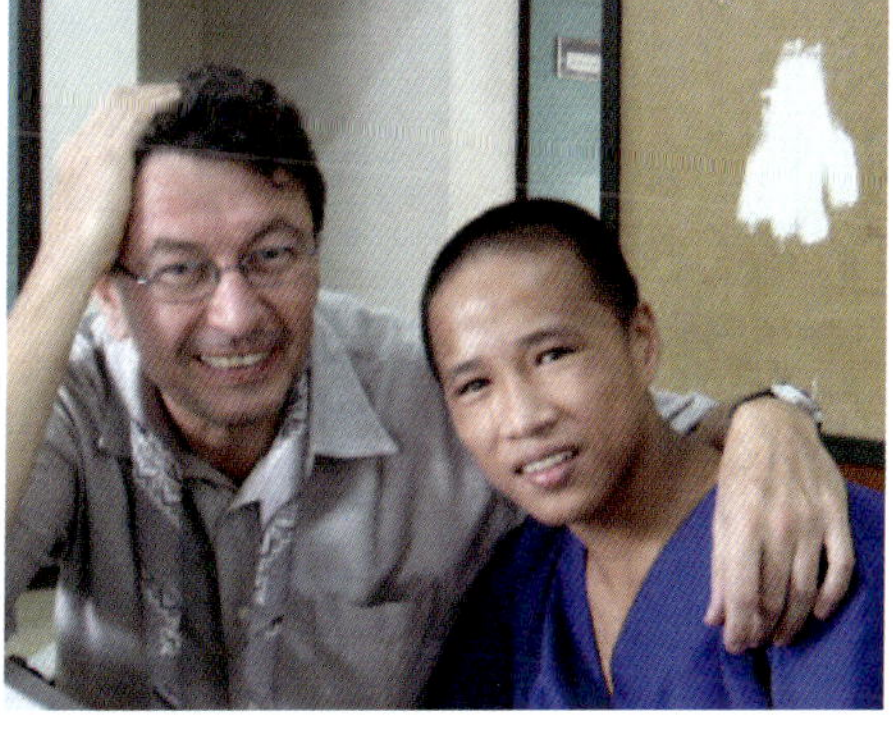

マニラ、精神科施設にて
私の隣で微笑むのが15、16歳の頃のマーヴィン。この種の施設に改めて数週間、受け入れられていた。私が彼に出会ってから4年。私が彼に会ったのはこれが最後となった。ここを出てしばらく後に、彼は町中のケンカ沙汰で殺害された。
写真：KnK

◆インドネシア

アチェ州
2004年12月のスマトラ沖大地震・インド洋大津波で壊滅的な打撃を受けたスマトラ島北部アチェの町で瓦礫の上にすわる、被災した少年。　写真：渋谷敦志

◆東ティモール

ディリ
東ティモールは出身地域の異なる人々の軋轢などが暴力的な対立に発展し、暴動が度重なっていた。KnKは首都ディリのほか、エルメラ、バウカウ、ヴィケケの地でも活動を展開した。ディリでは市内最大規模のユース・センターの運営にあたった。若者向けにスポーツや職業訓練の場を提供した他、年少の子どもらも対象に活動を行なった。町で最も暴力的なギャンググループも一緒になってサッカーに汗を流した。そのような中で、少しずつ治安が回復していった。その恩恵を受けるのは誰よりもまず、子どもたちである。　写真：渋谷敦志

バッタンバン
縫製と機織りの職業訓練教室を開始したのは2007年のことだった。絹への情熱がかきたてられていく。　写真：KnK

バッタンバン
縫製や機織りチームの面々に囲まれた守谷季美枝。その横には技術指導のため現地入りしていた友人の日本人女性の姿も。守谷の最後のバッタンバン訪問は2015年6月となる。　写真：KnK

◆パキスタン

ハイバル・パフトゥンハー
学校へ通う2名の少女たち。彼女らが暮らす村は、震災、次いで大洪水によって全てを失ったのだった。　写真：渋谷敦志

ハイバル・パフトゥンハー
パキスタン北部の被災地で、KnKは100を超える学校建設にあたっている。当地の子どもたちや教師らとの出会い。　写真：渋谷敦志

◆岩手

陸前高田
彼の名は「拓」（ひらく）君。陸前高田の小友町で出会った。この少年の姿は、我々 KnK の岩手での活動のシンボルとなった。
写真：KnK

陸前高田
東日本大震災発生からまもない陸前高田の町。　写真：KnK

山田町
鳥居越しに見える山田町は、地震と津波に次いで発生した火災によって甚大な被害をこうむった。 写真：KnK

陸前高田
2011 年 4 月、崩れ去った自分たちの学校にいた 2 人の生徒。熊本晃順、佐々木恵子とともに。 写真：KnK

山田町
私の隣にフィリップ・フォール駐日フランス大使（当時）夫妻。大使館の参事官とともに。左は当時の沼崎喜一山田町町長。　写真：KnK

震災後の日本へ、アジア各地の KnK 活動地から励ましの言葉が寄せられた。これはパキスタンにて KnK が再建した小学校に通う女子児童らから。
写真：現地パートナー FWA より提供

東京
ところ変わって東京でも、ジェーン・バーキン、松浦ちはる、村松知恵子そして私。　写真：KnK

パリ
フランス、パリのロンポワン・デ・シャンゼリゼ劇場で行なわれた震災被災者支援のチャリティコンサートにて、ジェーン・バーキンがKnKフランスのボランティア（佐藤絵子、佐藤亜子ジュリエット、金珠理）とともに。　写真：KnK

釜石
釜石市のコミュニティセンター「青葉ビル」は、ロクシタングループからの支援を受け再建された。その開所式に「♪シャバダバダ…」で名高い歌「男と女」で花を添えた歌手ピエール・バルー。　写真：KnK

ザアタリ難民キャンプ
シリア難民を受け入れているザアタリ難民キャンプ。ヨルダン北部、シリアからほんの数キロのところに位置している。
写真：安田菜津紀

ザアタリ難民キャンプ
8万人にも達した収容者のうち、その半数近くは18歳未満の未成年者である。笑顔を見せてくれる3人のシリア人少年たち。
写真：安田菜津紀

ザアタリ難民キャンプ
KnK はザアタリ難民キャンプにて音楽や演劇、ゲームなどの課外活動を 2011 年から行なっている。子どもたちが希望を抱くために、先の見えないこの時間をやり過ごすために、そして生きるために。
写真：安田菜津紀

クルド人自治区エルビル
「イスラム国」の迫害を逃れてきたキリスト教徒やヤジディ教徒たち。彼らの多くはここエルビルなど、イラクのクルド人自治区に身を寄せている。KnK は「ウエスト・フランス・ソリダリテ」のサポートのもと、こうした子どもたちへの援助活動を行なった。

写真：KnK

クルド人自治区エルビル
モスルやその周辺地域から避難してきたキリスト教徒の子どもらが、エルビル市内のキリスト教地区アンカワで迎えたクリスマス。

写真：KnK

ドミニク・レギュイエ
2014年イラクのエルビルにて、国内避難民となった子どもらとともに。　写真：KnK